■ 朱丹の世界

口絵 1　西方系施朱の風習
岡山県楯築弥生墳丘墓辰砂出土状況（近藤義郎先生提供）

■ 朱丹の世界

口絵2　北方系施朱の風習
上段：北海道柏木B遺跡第3号円形周堤墓第3004土壙
下段：秋田県柏子所貝塚出土人骨頭部への施朱状況

■ 朱丹の世界

口絵3　西方系施朱の風習の朱丹（渡来辰砂）
福岡県比恵遺跡 SP1570 土坑底の辰砂と出土大粒辰砂

朱丹の世界

口絵 4　大分県豊後丹生神社境内の辰砂碑

口絵 5　大分県日田市赤石県道切通しに露呈した辰砂

朱丹の世界

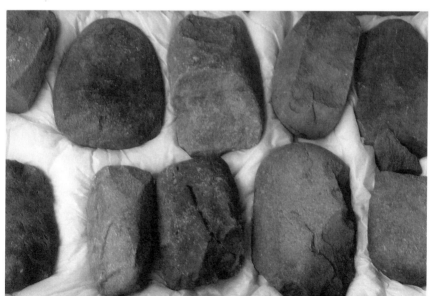

口絵6　三重県松阪市太田・臼ケ谷遺跡
辰砂採掘跡（上段）と出土敲石（下段）

■ 朱丹の世界

口絵7　大分県豊後丹生水銀鉱山採掘跡
坑口分布（上段）と坑口（下段）

■ 朱丹の世界

口絵8　辰砂採掘具と辰砂製錬土器
上段：三重県丹生神社蔵「金山鎚」
下段：三重県伊勢若宮遺跡出土辰砂製錬土器（白色の付着物は砒素と水銀混じりの貼り付け粘土）

■ 朱丹の世界

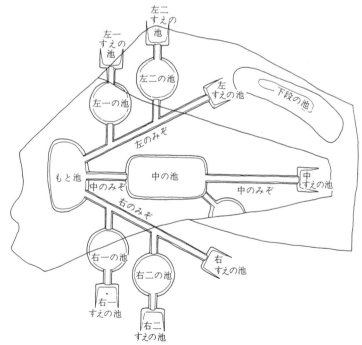

口絵9　飛鳥酒船石
上段：池と溝の水流状況／下段：酒船石復元模式図

考古調査ハンドブック 14

朱丹の世界

市 毛　勲

（早稲田大学考古学会）

ニューサイエンス社

はしがき

　縄文・弥生・古墳時代の死体には朱丹が施された。朱丹とは同種の赤い色及び色料の全てを指し，考古学では以前「朱が出土した」と言えば，赤い色の土壌や赤い人骨などの検出を意味した。科学分析以前のそれは水銀朱とベンガラ（鉄丹）の両方を総括していた。以前の朱丹は今日「赤色顔料」と言われ，科学分析によって遺物の判別がつけば，水銀朱あるいはベンガラと表記される。化学用語では朱は水銀朱のことであるから「朱」と表記されることも多い。

　私は考古学における従来の表記に従い赤い出土遺物はすべて「朱」と記し，この場合は人工水銀朱・天然水銀朱・辰砂・赤鉄鉱・ベンガラ・鉄丹など赤い色料全てを意味させている。出土遺物としてのベンガラは原料加工で製造したものではないから天然・人工の区別は必要ないと考えている。

　言葉としての朱丹は単に赤い色と言う場合と原料まで意味することがあり，曖昧である。朱肉，朱筆，朱塗りは今では必ずしも水銀朱に限定せず，丹もまた赤い色を意味するだけで，以前のように原料までも区別しての表記ではない。原料まで意味する言葉には朱砂，丹砂，真朱，丹，鉄丹などがあり，古代の「丹」は辰砂を意味していた。

　岩絵の具の朱色は辰砂を粉末にして得られるが，緑色は孔雀石，青色はラピスラズリを粉末・水簸して得られる。辰砂の粒度には1番から13番（あるいは3番から15番）に加えて白があり，色彩には水簸による粒度選別でわずかな違いが認められる。朱，赤を意味する色料・塗料には光明丹，赤色塗料など各種の表現があることも知られている。

　水銀朱は銀色を呈する水銀と硫黄の化合した硫化水銀を意味する。自然科学的方法による朱丹の解明の場合「朱」の研究でもよいと思われるが，私の研究の場合は歴史学的・考古学的分析に主眼を置くもので，化学用語の朱丹解明にとどまらない。朱丹の研究は歴史学・考古学的には辰砂・水銀朱・水銀さらには白色を呈する軽粉（伊勢白粉・はらや）にも及ぶものであり，原料が異なっても赤色を発色する酸化鉄（赤鉄鉱・ベンガラ），酸化鉛（鉛丹）

も含ませている。
　つまり，『朱丹の世界』では赤い色・色料・塗料全てを網羅させ，前述のようなそれらの意味する原料にはこだわらない。朱丹が出土したと言った時の朱丹である。生物界の朱丹は生命そのものと称しても良い。我々の身体から朱丹の血液が一定量放出されれば生命の危機にさらされ，朱丹の補充が必要なこともある。朱丹の世界と血液を通しての生命とは切っても切れない関係にあり，『朱丹の世界』とは生きること死ぬことと言ってもよかろう。

　　　　　　　　　　　　　　　　　　　　　　　　市　毛　　勲
　　　　　　　　　　　　　　　　　　　　　　　（早稲田大学考古学会）

目　次

口絵：朱丹の世界 ……………………………………………………… Ⅰ～Ⅷ
はしがき ………………………………………………………………… *1～2*
目　次 …………………………………………………………………… *3～5*

Ⅰ．施朱とその時代 ……………………………………………………… *7～73*

　　① 朱丹 ……………………………………………………………… *8*
　　　　1．考古資料としての朱丹 …………………………………… *8*
　　　　2．朱，丹，水銀朱，辰砂，天然・人工水銀朱 …………… *8*
　　　　3．赤鉄鉱・ベンガラ・鉄丹 ………………………………… *9*
　　　　4．鉛丹 ………………………………………………………… *10*
　　　　5．朱丹の種類 ………………………………………………… *10*

　　② 朱丹の発掘 ……………………………………………………… *11*
　　　　1．赤い人骨 — 朱丹の散布か塗布か ……………………… *11*
　　　　2．縄文土坑墓，弥生石棺・土坑墓の朱丹 ………………… *11*
　　　　3．古墳時代石棺・木棺の発掘 ……………………………… *12*
　　　　4．辰砂採掘跡の発掘 ………………………………………… *14*

　　③ 朱丹の出現 ……………………………………………………… *17*
　　　　1．日本列島における朱丹出現 ……………………………… *17*
　　　　2．縄文時代の朱丹と水銀朱出現 …………………………… *19*
　　　　3．弥生時代の朱丹 …………………………………………… *24*
　　　　4．古墳時代の朱丹 …………………………………………… *26*
　　　　5．奈良・平安時代の朱丹 — 正倉院の辰砂 ……………… *28*
　　　　6．中近世の朱丹 ……………………………………………… *32*

　　④ 施朱の風習 ……………………………………………………… *33*
　　　　1．施朱の風習の出現 — 死と埋葬 ………………………… *33*
　　　　2．北方系施朱の風習の展開と終焉 ………………………… *35*
　　　　3．西方系施朱の風習の展開 ………………………………… *50*
　　　　4．施朱の風習の盛期 — 3世紀～5世紀 ………………… *56*

目　次

　　　5．朱壷 ― 朱丹の貢納と分配と儀礼製粉 ……………………………… *63*
　　　6．施朱の風習の終焉 ………………………………………………………… *69*

Ⅱ．朱丹の諸問題 ……………………………………………………… *75 ～ 160*

　⑤　朱丹と水銀朱（辰砂粉）生産 ………………………………………… *76*
　　　1．丹生地名・丹生神社の分布と水銀鉱床群 …………………… *76*
　　　2．「赤」地名と辰砂 …………………………………………………… *80*
　　　3．縄文時代の朱丹・辰砂と生産遺跡 …………………………… *86*
　　　4．徳島県若杉山辰砂鉱山遺跡 …………………………………… *88*
　　　5．三重県太田・臼ケ谷辰砂鉱山遺跡と辰砂原石 ……………… *92*
　　　6．『辰砂鍋』と精製辰砂の製造 …………………………………… *96*
　　　7．辰砂の大量粗製粉法の復元 …………………………………… *98*
　　　8．辰砂管掌氏族 ― 丹生氏 ……………………………………… *101*
　　　9．丹生氏の辰砂管掌組織 ………………………………………… *106*
　　　10．朱丹・辰砂の貢納と分配 ……………………………………… *108*
　　　11．飛鳥酒船石 ― 辰砂の大量粗粉製法の復元 ― ……………… *110*
　　　12．酒船石遺跡と亀形石造物 …………………………………… *118*

　⑥　倭人と真朱（辰砂）・丹 …………………………………………… *121*
　　　1．墳丘墓と辰砂 …………………………………………………… *121*
　　　2．渡来辰砂 ………………………………………………………… *122*
　　　3．卑弥呼と辰砂 …………………………………………………… *123*

　⑦　中世辰砂水銀鉱山遺跡と水銀製錬 ……………………………… *127*
　　　1．伊勢辰砂水銀鉱山 ……………………………………………… *127*
　　　2．豊後辰砂水銀鉱山 ……………………………………………… *132*
　　　3．辰砂水銀の採掘用具 …………………………………………… *135*
　　　4．辰砂水銀の採掘法 ……………………………………………… *138*
　　　5．水銀製錬 ………………………………………………………… *140*
　　　6．伊勢白粉 ………………………………………………………… *150*
　　　7．丹生水銀座と朱座 ……………………………………………… *151*

目　次

8　朱丹と古典 ……………………………………… 153
　1．『古事記』と朱丹伝承 …………………… 153
　2．『万葉集』と朱丹 ………………………… 154
　3．『今昔物語集』と朱丹 …………………… 159

Ⅲ．資料編 ……………………………………… 161〜165
　(1) 丹生神社・丹生地名の分布と水銀鉱床群 …………… 162
　(2) 水銀鉱床群分布図（矢嶋澄策先生による）………… 163
　(3) 水銀鉱山・丹生地名・丹生神社分布図（松田寿男先生による）……… 164
　(4) 広片口鉢・皿（辰砂鍋）分布図（柴尾俊介氏による）………… 165

あとがき ……………………………………… 166〜167

表紙写真
　表：秋田県柏子所貝塚出土人骨東部への施朱状況（口絵2より）
　裏：三重県丹生神社蔵「金山鎚」（口絵8より）

I．施朱とその時代

1 朱丹

1. 考古学資料としての朱丹

　朱丹は本来有形であった。とはいえ，考古資料として遺構から出土する時は埋土に混じる粉末であり，時によっては埋土と共に廃棄されてしまうものであった。遺構において埋土の混じらない朱丹の場合は丁寧に採取され，資料としての役割を十二分に果たしてくれる。北海道縄文葬墓の場合，朱丹（ベンガラ）は土砂と共に葬墓充填の役割を持っており，朱丹層と埋土葬が交互に置かれ，両者の排除によって初めて埋葬遺骸に到達する。赤鉄鉱（ベンガラ）でも焼成赤色土でも葬墓に置かれた朱丹は，人為的作業の結果の粉末であり，その意味において石器や土器と同じ考古資料と変わらない。ところが，縄文葬墓の朱丹層が全て採取・保存され，考古資料としての扱いを受けているかと言えばそうではない。

　九州弥生葬墓の場合も墓壙や石棺からの朱丹（水銀朱・ベンガラ）の検出は多くの事例を数える。発掘現場で土砂と朱丹との分離露出にはかなりの時間と労力を要し，廃土の中に朱丹の混在することは否めない。そのため刀剣や玉類と同じく検出できた全ての朱丹粒子を採取することはできない。埋土とともに廃棄される朱丹は少なくない。

　しかし，朱丹は自然遺物ではなく，粉末化された人工遺物であり，埋葬に際しての施朱儀礼の主な役割を与えられており，その様態が他の有形遺物と異なるとはいえ，朱丹の出土状況は時代と地域によって異なり，立派な考古資料であることには変わりない。

　かつて，朱丹は考古資料としての扱いを受けないことがあった。出土状況の詳しい観察・記録，科学的分析が行われていれば，その結果によっては歴史資料としての重要位置を占めることにもなってきたはずである。

2. 朱，丹，水銀朱，辰砂，天然・人工水銀朱

　朱丹は朱色一般の色彩と物を指しているが，この項目の朱，丹はどちらも硫化水銀で朱色を呈する岩石または粉末である。つまり，水銀朱であり，人工水銀朱であっても乾燥されると固形を呈し，石臼で粉末にされた後に市場

に出回った。

　朱は科学用語の硫化水銀（HgS）で，粉末にされる場合が多く，丹は辰砂と同意義語の岩石である。ただ，朱砂・丹砂との違いは粒状ではないことであり，辰砂（水銀鉱石）の状態には砂状も粉末状もさらに岩石も全てが含まれる。採掘されるときは石灰岩層に赤い帯状に滞在する辰砂を抽出するか，または赤褐色の塊・砂状の辰砂を採集するかする。天然水銀朱は岩石学上辰砂とよび，岩絵の具でも辰砂という絵具屋もある。

　岩石の辰砂の場合，破砕した後，辰砂ではない岩石を取り除き，辰砂のみを粉末にして水簸し，不純物を廃棄する。こうして純粋な天然水銀朱が得られるが，実際には不純物を水簸のみの工程では完全除去に至らず，日本産の水銀朱に石英などが残っていることが多い。この水銀朱つまり粉末辰砂は施朱の風習における主な役割を担った。

　水銀製錬は2〜3cm大の破砕辰砂を選鉱して1,400度の製錬釜に投入し，水銀を蒸発させる。気体水銀は冷却して水銀を得，気体水銀の一部と二酸化硫黄（亜硫酸ガス）は高い煙突から空中に放出される。有毒なこれらの気体によって中毒する作業員が生じることもあり，枯れる樹木は少なくなかった。かつて操業されていた奈良県大和水銀鉱山や北海道イトムカ水銀鉱山における水銀製錬はこのような状況であった。

　人工水銀朱は人の手によって製造されるため，自然界とは違って硫黄分が多くなり，遊離硫黄が検出される。このことで天然と人工の区別ができる。水銀朱を製造している大阪の金華化学工業所では『天工開物』の湿式法によっており，昭和の前半時代には年間数トンの水銀朱を製造していたと言う。

3. 赤鉄鉱，ベンガラ，鉄丹

　鉄と酸素の化合は赤色を呈し，赤さびなどと呼ぶことが多い。この赤さびは以前には酸化鉄と呼んでいた。赤鉄鉱は酸素と鉄の化合物を主成分とする鉱物であり，これを粉砕・粉末にすることによりベンガラ（Fe_2O_3）が得られる。赤鉄鉱の粉末はベンガラと言い，鉄丹も同意義語である。遺跡・遺構の発掘の際，赤色物が出土すると，「朱を検出」とか「酸化鉄あるいは鉄丹を検出」とか称し，科学分析による色料の区別までを行った上での判断ではなかった。

埴輪や土器の赤彩色の場合も，単に赤彩，丹彩，朱彩と称し，水銀朱とベンガラの区別にまでは及んでいなかった。これらの色料はほとんどがベンガラであった。

ベンガラには赤鉄鉱の粉末と鉄分の多い土壌を加熱して赤化させ，色料とすることもあったが，土器・埴輪に鉄分の多い土壌を塗布して焼成し，赤化・定着させることもあった。ベンガラには酸化第二鉄の他に赤土ベンガラ，赤泥ベンガラ，パイプ状ベンガラなどと呼ばれるものがある。

4. 鉛丹

鉛丹は天然ではなく，人工による色料である。鉛は方鉛鉱などの鉱石を製錬して得られるもので，鉛を酸化させると，鉛丹（Pb_3O_4）になる。鉛丹は光明丹，赤鉛，赤色酸化鉛などとも呼ばれ，施朱の風習には使われてはいない。古墳時代古墳壁画の赤色塗りに使われ，それ以前の使用例は見当たらない。

5. 朱丹の種類

朱丹を表す用語は岩石学，化学，岩絵の具，塗装料などの分野でそれぞれ異なる名称を使用し，この中に考古学資料としての用語も参画している。そのため同種の色料に種々の名称が飛び交うことになっている。考古学の伝統を踏まえ，科学分野の成果も取り入れ1958年に用語の統一を提唱し，1984年には以下の用語にされてはいかがかと考えた。

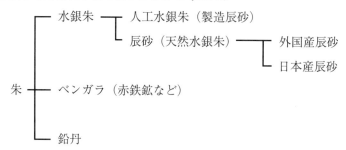

2 朱丹の発掘

1. 赤い人骨―朱丹の散布か塗布か

「赤い人骨」の出土は主に貝塚発掘によるもので，これらの多くの貝塚は縄文後・晩期に所属している。「赤い人骨」は小金井良精が宮城県中沢浜貝塚で野中完一によって33体人骨のうち7体の頭蓋骨及び顔面が赤いことに初めて注意され，「赤い人骨」として報告されたものである。朱丹は酸化鉄と言い，その付着は骨の表面で染着と表現され，四肢骨にも飛んでいた。「赤い人骨」出土の状況は明らかではないが，貝塚人骨であるから保存は良好であったと思われる。酸化鉄の付着状況は堅固ではなく，剥離し易く，丁寧な取扱いが求められた。朱丹の人骨付着状況の観察結果，①遺骸頭胸部への朱丹の塗布，②衣服朱丹染料残存の付着，③遺骸頭胸部への朱丹散布の3者が指摘された。しかし，朱丹の塗布は頭蓋骨が骨化したところで行われることも推定でき，生前顔面に塗られた朱丹がそのまま付着したり，遺骸顔面に朱丹の布を被せた結果とも解せるし，「赤い人骨」の生成にはいくつもの儀礼を推察できる。ただ，世界の石器時代には遺骸に施朱を行う風習があり，日本の場合も施朱の風習による「赤い人骨」との理解が最も妥当する。

2. 縄文土坑墓，弥生石棺・土坑墓の朱丹

縄文土坑の朱丹は北海道・東北北部の縄文前期から晩期に属し，土坑の朱丹量は北海道の場合は東北に比べ著しく多い。

北海道土坑墓埋納完了は土坑口までの盛土とその上部への朱丹散布であったから当時は朱丹盛り状態であったと思われる。土坑部分は数年で陥没し中央は凹み，朱丹層はレンズ状を呈した。

発掘は土坑落ち込み探査から始め，土坑坑口確認によって覆土の排除が行われる。覆土の水平除去は土坑周囲に朱丹層表面を露出でき，内部の覆土の排除でレンズ状の朱丹層が検出される。大量の朱丹の発掘には調査員の身体が赤色になることさえあり，朱丹はバケツで汲み出す感じという。朱丹層が排除されると，次の埋め土層に当たり，この層の除去によって次のレンズ状朱丹層が現れる。第2朱丹層と土坑底に置かれた朱丹層の間には遺骸と副葬品が安置される。土坑底の朱丹層，遺骸上の朱丹層，土坑埋めの第2朱丹層

の3者は一つの朱丹層となって検出されるから3者の区別は難しく、綿密な観察眼が求められるであろう。遺骸上の朱丹層の場合、布に覆われた内部の可能性もあり、第2朱丹層との間に植物腐食層を検出することがあるかも知れない。

　北海道縄文土坑墓出土の朱丹は化学分析の結果、ベンガラと判断されたことはなく、以前の関東でと同様に、分析されないまま朱や丹と称されたのではないかと思われる。土坑墓の第1層、第2層、遺骸上層・遺骸下層の朱丹分析、さらには辰砂が混在しているかいないか、そして朱丹の産地はどこかなどが明らかになれば、北海道史を豊かにさせる重要資料が得られるのではないだろうか。

　九州弥生石棺・土坑墓における朱丹量は北海道土坑墓の坑底に見られる量よりも少なく、著しい場合は朱丹が遺骸の頭胸部にのみ認められるにすぎない。石棺内部は朱丹塗りが多く、土坑墓壁の場合もその可能性が疑われる。これらの朱丹の中には辰砂（天然水銀朱）もあり、施朱丹量が少なくても致し方がないかと思われる。

　九州弥生石棺・土坑墓の発掘は表土層の除去後に落ち込みを確認し、埋め土の発掘が開始される。石棺内面すべては朱丹塗りで、色料はベンガラである。埋め土を全て除去すれば、朱丹面が綺麗に露出する。除去埋め土に朱丹粒子が混じらないようにしなければならないが、北海道の場合と同様難しい。混在埋め土は水簸することによって辰砂と土砂の区別は可能であろう。

　朱丹の採取に際し、頭胸部と他の部分の朱丹は区別されることが望ましく、化学分析によって施朱色料の違いが明らかになることもあろう。カメカン墓の朱丹のほとんどが渡来辰砂と判断されることに対し、石棺や土坑の朱丹は日本産と推定でき、化学分析の結果種々のことが明らかになれば、新たな史的問題を提供することにもなろう。

3. 古墳時代石棺・木棺の発掘

　古墳内部には竪穴式石室・石槨、横穴式石室を始め多様な埋葬施設があり、遺骸を直接安置するのは石棺・木棺である。従って朱丹はこれらの棺から出土する。棺に納められた遺骸には朱丹が施される。頭胸部に水銀朱、下半身部にベンガラを施すことがあり、このことは日本考古学協会による福岡県一

② 朱丹の発掘

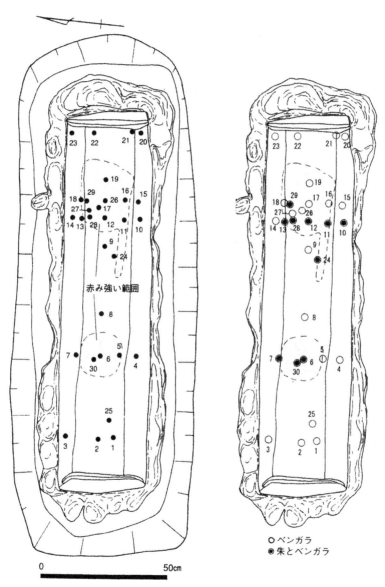

図1 兵庫県白水瓢塚古墳主体部出土朱丹資料
採取地点と分析結果(発掘報告による)

○ ベンガラ
● 朱とベンガラ

I. 施朱とその時代

貴山銚子塚古墳の調査で初めて明らかになり，それは1950年のことであったが，その後の古墳発掘調査ではこの事実が評価されず，埋葬施設出土朱丹は単に「朱」出土との記述に終わることが多かった。

水銀朱もベンガラも科学分析されることも無く「朱」一言で報告された時代では，遺骸頭胸部に二者の色料が区別・施朱された事実の報告がその後長く無視され続けられたことは止むを得なかったのかも知れないが，最近は本田光子氏らの努力で棺内朱丹の分布や層位的に捉える調査が実行され，詳しい施朱状況が明らかにされつつある。棺内精査では①縦位ボーリング探査による朱丹の縦位分布及び層位の解明，②横位ボーリングを頭胸部，腹位，脚位の3ヵ所に実施し，朱丹の横位分布及び層位の解明が必要であろう。大阪府高槻市安満宮山古墳や兵庫県神戸市白水瓢塚古墳の棺内施朱状況ボーリングによるサンプル採取は，朱丹分布及び層位把握の事例として参考にされよう（図1）。

石棺・木棺の内部が全面朱丹塗りであるばかりではなく，時には水銀朱（辰砂）詰め状態のこともある。竪穴式石室・石槨の場合も側壁全面に朱丹塗りが施され，天井石内面・外面にも朱丹が残っている。さらに，石室・石槨を構築するための土坑壁にも朱丹が塗られていることがある。このような土壁への朱塗りは一般的施朱ではないかもしれないが，土坑確認は必要な調査項目に加えられるであろう。

石室・石槨の構築にあたって石材の一端を朱丹液に浸潤し積み上げる方法を取ることが多く，そのため側壁石の塗布できない奥まで朱丹が付着している。このことは石材を外すか，奥まで観察して確認する。

古墳時代施朱の方法は①遺骸の頭胸部への朱丹粉末の散布，②遺骸全体への朱丹粉散布，③石棺・木棺への朱丹粉詰め，④石棺・木棺内面への朱丹塗り，⑤石室・石槨内面への朱丹塗り，⑥石室・石槨構築途上での石材朱丹液浸潤，天井石は側壁が当たらない部分にのみの朱丹塗りがあり，閉塞最後の天井石はどれかの確認も要すると思われる。

4. 辰砂採掘跡の発掘

日本列島における弥生・古墳時代の辰砂採掘跡は阿波水銀鉱床群に所属する徳島県若杉山辰砂採掘砕石遺跡1ヵ所のみで，発掘は発見されてから数十

年後に徳島県博物館が実施した。これは本調査に先立つ確認であり，その際如何に発掘するかの相談をうけた。長い間朱丹の研究に携わってきたとはいえ，弥生・古墳時代の辰砂採掘砕石跡発掘の事例は知らず，若杉山の現状に鑑み，土器・石器の多く散布するミカン畑への試掘坑が最も妥当と伝えた。従来からミカン畑では弥生土器・土師器・石臼・石杵が多数採集されており，私も踏査の際に採集し，博物館に提供した。ただ，辰砂は発見できず，耕作者は辰砂を採集していたようで，「火（へ）の付いた石」と呼んでいた。ただ，この石は辰砂ではなく，ベンガラの可能性が高い。

若杉山で採集されてきた石器が辰砂砕石に供されたと言う実証はされたわけではない。しかし，辰砂の散布するこの地では，それ以外に考えられないということで，確認調査では辰砂の付着する石臼・石杵の発見が求められた。辰砂採掘には鉄製鎚が最も有効で，この種の遺物の発見も重要事項であった。さらに辰砂採掘跡と辰砂切羽の発見は若杉山辰砂採掘砕石遺跡としての価値を一層高めることになる。

試掘では多くの弥生土器・土師器・石器が出土し，石杵に辰砂の付着が認められ，日本列島で唯一の辰砂採掘砕石跡であることが実証できた。このことによって文部省は本調査への補助金提供を決め，確認調査の翌年から調査体制を拡大して3ヵ年間行われた。しかし，土器・石器・玉類・自然遺物などが発見されたが，辰砂採掘跡とその切羽は発見に至らなかった。「火の付いた石」と言える採集された岩石45点の内，分析の結果辰砂と判定されたものは1点のみで，他は全てベンガラであった。これでは西日本各地の弥生・古墳時代墳墓出土辰砂との比較研究には充分とは言えなかった。

日本産辰砂発見状況からすれば，大和水銀鉱床群域に弥生・古墳時代辰砂採掘砕石跡が所在するはずとの想いで，長いこと紀伊・大和の丹生川流域や伊勢の丹生地域に探査の目を向けてきた。それらの地域で中世・近世・近代の採掘跡は確認できても，弥生・古墳時代に所属する遺跡は発見に至らなかった。

2014年2月，伊勢在住の奥義次さんから「弥生時代辰砂採掘跡を発見」との報を受けた。その状況は辰砂採掘跡に間違いないと判断できた。その地は松阪市小片野町北谷池で太田・臼ヶ谷遺跡（図2）と仮称された。径10mほどの露天掘り採掘坑が2，3ヵ所認められ，砂岩製の敲き石（石杵）や礫

I. 施朱とその時代

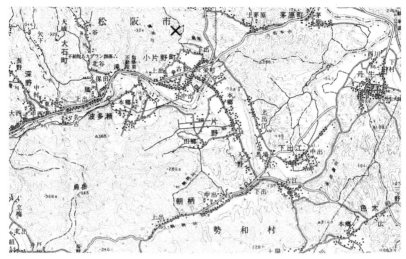

図2　三重県松阪市太田・臼ケ谷遺跡位置図（×印）

器が散乱し、ズリが山をなし、そこでは辰砂原石が多数発見された。

　露天掘りは丘陵斜面に位置し、表面採集土器・石器、さらに採集辰砂は辰砂採掘跡と認められるもので、日本列島で2ヵ所目の弥生・古墳時代辰砂採掘砕石跡ということになる。

　伊勢丹生の辰砂は砒素分が他の水銀鉱床群産より多く、実際伊勢丹生では砒素岩石が産出している。このことは施朱辰砂の産出地特定に都合がよいのではないか。矢嶋澄策先生の言によれば、大和産辰砂は砒素分が少なく、伊勢と大和産は区別できる。今日では種々の分析法によって産地特定が可能になった。

　太田・臼ケ谷遺跡は将来学術調査の実施されることもあろうかと思うが、辰砂の採掘状況や辰砂切羽などが発見され、ここの辰砂と全国各地古墳出土の辰砂との比較検討により産地比定が可能になることが期待される。

3 朱丹の出現

1. 日本列島における朱丹出現

　日本列島の朱丹初現は旧石器時代に遡るが、色料は水銀朱（辰砂）ではなくベンガラである。採集した赤鉄鉱つまり酸化第二鉄を粉砕し、さらに粉砕鉄鉱石を台石の上に乗せて磨石をもって粉末にさせる。新潟県南蒲原郡下田村所在旧石器時代の荒沢遺跡[1]ではベンガラ原料を「赤色鉄石英礫片」と呼び、それら出土礫片は長さ 5mm ～ 5cm で平均約 3cm が多数を占め、計 230 点、総重量 4,260g であった。この赤鉄鉱からのベンガラ製作には台石・敲石・磨石が利用され、石器総計 15 点が出土した。これらの石器にはベンガラ製造時の色料が付着したものもあり、荒沢遺跡は旧石器時代における一大ベンガラ製造所であったと認められ、原料の赤鉄鉱は五十嵐川流域に求めたと推察されている。

　そして荒沢遺跡のベンガラは木器や身体の塗布に供されたと考えられている。

　荒沢遺跡は現在本州唯一の旧石器時代のベンガラ製造遺跡と言えよう。これに対し北海道[2]では上士幌町嶋木遺跡、千歳市柏台 1 遺跡、帯広市川西 C 遺跡、帯広市南町 2 遺跡、長万部市オバルベツ 2 遺跡など 16 遺跡以上の旧石器時代ベンガラ製造所（図 3）が発見されている。これらの遺跡は ^{14}C 年代で 15000 年～ 20000 年前に稼働していたと認められる。原料の鉄鉱石（「赤色礫」）は長さ 1 ～ 5cm で、荒沢遺跡の場合と同じ大きさである。それらがベンガラ製造に供され、ベンガラ付着の台石・敲石・磨石・礫が出土し、石器の形状からすれば北海道でも荒沢遺跡と同様のベンガラ製造法であったと思われる。

　柏台 1 遺跡においてはベンガラ製造に際して赤鉄鉱（「赤色礫」）を加熱し、赤色の発色を良くした可能性のあることが指摘されており、製造ベンガラは皮なめしや着色に利用されたものではないかとも考えられている。知内町湯の里 4 遺跡でのベンガラ検出は当初墓坑からと認められていたが、本報告段階で「赤色土壌」ベンガラの検出とのみの理解に変更された。ベンガラは日本産ではない橄欖岩製垂飾、琥珀製垂飾などと共に検出されたもので、その検出範囲は 114 × 90cm で、そのうちの 50 × 38cm はベンガラが濃密に認め

I. 施朱とその時代

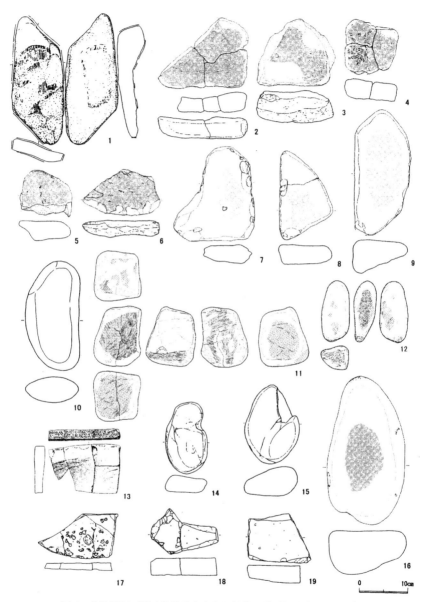

図3 北海道旧石器時代遺跡出土朱丹付着石器（福井淳一による）
1：嶋木，2〜6：柏台1, 7〜9：南町2, 10〜14：川西C, 11・12：オバルベツ2,
13：立川, 15：別府1, 16：大空, 17：札内N, 18・19：居辺17

られた。垂飾製品が着装されるものである以上その出土地点は遺骸埋納の可能性が高く，当初の判断のようにベンガラは埋納された遺骸への散布であったものと理解できる。ベンガラが濃密に認められた一部の位置は頭胸部にあたると認められる。ただ，その営造時期が旧石器時代にまで遡らない可能性もあるようで，仮にそうであっても日本列島最古の施朱の風習の事例と言うことには間違いなかろう。

　北海道旧石器時代のベンガラ製造は顕著で，柏台1遺跡製造所，川西C遺跡製造所で生産されたベンガラはかなりの量に達したと思われ，このベンガラが全て塗料に供されたとは認め難い。木器や身体塗布にどれだけの量のベンガラを要したか想像の域を出ないが，ベンガラ製造所が北海道の各地に営まれ，生産総量は相当量に達したのではなかろうか。これらのベンガラは後述するように北海道縄文時代に盛期を迎える施朱の風習に使われたと認めてよいと思われる。合理的な掘削具の未発達な旧石器時代にあって遺骸を埋納する土坑掘削は至難の技であったと言えよう。遺骸は平地または自然の凹みに横たえ遺骸全体に施朱し，そのため風雨に曝され，遺骸を覆うベンガラが散逸するのにそれほどの日時を要しなかった。北海道旧石器時代に施朱の風習が認められないのは，これらの自然状況に拠るものと考えられる。

〔註〕
1) 小隈博史「新潟県荒沢遺跡出土の赤色顔料とその利用形態」『旧石器考古学』64　2003　旧石器談話会
2) 福井淳一「北海道における旧石器時代の顔料」同上

2. 縄文時代の朱丹と水銀朱出現

　縄文時代朱丹の出現は宮崎県清武上猪ノ原遺跡出土の「丹塗り土器」と呼ばれた縄文草創期土器においてである。この遺跡からは台石や敲石も伴出しており，ベンガラ製造も行われていた。草創期に属する大分県三日市洞穴第7文化層出土の無文土器にも塗彩された朱丹の付着があり，早期の神奈川県田戸遺跡の田戸上層土器2片に朱丹塗りが行われていた。この時期に属する朱丹製造用敲石・磨石・石皿が青森県表館遺跡や神奈川県吉井城山第一貝塚でも出土しており，ベンガラ製造は継続していることと理解できる。つまり，

I. 施朱とその時代

　縄文時代には日本列島全域で草創期からベンガラ製造とその利用が絶えることなく行われていたと認められる。
　ベンガラは主として赤鉄鉱を原料とし、その産出地として本州最北端の青森県東津軽郡今別町赤根沢が縄文時代から近世まで広く知られており、縄文時代東北一円のベンガラはここの赤鉄鉱を原料にされたものと思われる。赤根沢産赤鉄鉱を原料にベンガラを製造した遺跡に青森県東津軽郡三厩村宇鉄遺跡が知られており、出土した赤鉄鉱は2,300点、重量65,400.2gに達した。宇鉄遺跡でのベンガラ製造は児玉大成氏によれば「①原石の叩き割り（コークス状の剥ぎ取り）→②敲打して潰す（コークス状の粉砕）→③磨り潰すコークス状の微粉化」の3段階があり、コークス状とは赤鉄鉱の角礫で、①の工程は頁岩と赤鉄鉱の選別作業である。そして④の工程としてベンガラと頁岩粉の水簸によって純粋ベンガラを確保したと推定されている[1]。この工程は天然水銀朱製造の場合と変わらない。
　一方、水銀朱は縄文時代草創期・早期・前期には出現していないと思われる。縄文土器塗彩色料分析がさらに普及すれば、将来的には水銀朱は遡って検出されるかも知れない。今日の知見では縄文時代の水銀朱（辰砂）は中期も後半になって初めて現れる。日本列島で水銀朱が確認されたのはモースによる大森貝塚の調査で、縄文後期の朱塗り土器の色料を分析したところ硫化水銀が検出され、1879（明治12）年に『大森介虚古物編』で報告された。これ以後東北・関東の縄文土器には水銀朱がしばしば検出されてきた。
　埼玉県寿能遺跡は低湿地性遺跡で朱漆塗り漆器を始め多くの木製品が縄文中期の土層から出土し、群馬県下田遺跡では縄文中期末の土層から朱漆塗り鉢型漆器が出土した。また、奈良県宮の平遺跡では水銀朱塗り土器片、縄文中期の水銀朱着石皿が確認され（奈良新聞2005年5・27）、さらに辰砂製粉に供することのできる磨石・凹石・石皿が多量に出土し、この遺跡は水銀朱製造も行われた時期があったと認められる。宮の平遺跡出土石器の特色は縄文時代にもっとも普及した磨製石斧・打製石斧が見られないことである。三重県王子広遺跡は中期末から後期初頭と思われ、朱丹塗り土器が出土している。
　水銀鉱床群は北海道を始め三重県・奈良県・和歌山県、さらには紀伊水道を越えた徳島県・愛媛県、九州に入って大分県・熊本県・鹿児島県などに水

銀鉱床群が分布し、これらの地域ならあちこちに辰砂が露頭していたり、河川には辰砂石が流れていたものと想像できる。奈良県宮の平遺跡は丹生川上神社上社が位置していたところで、辰砂産出地帯で周辺では辰砂石が採集できたものと思われる。

　縄文時代における辰砂塊の採集・粉砕・製粉は中期半ばには開始されたと認められよう。製造された水銀朱の多くは漆と混ぜられ、土器・石器・装飾品・木器に塗布された。水銀朱塗り石器には石棒・石鏃・石斧などがある。石器の石皿・磨石・礫に認められる水銀朱は塗られたものではなく、水銀朱製造の際に付着したものである（図4）。水銀朱による施朱の風習は北九州縄文後期に初めて現れ、北海道・東北北部ではベンガラのみと思われるが、科学分析が進めば水銀朱の利用が縄文時代中期にまで遡る可能性は充分に考えられる。

　縄文後晩期の朱丹塗り遺物は多様である。朱丹塗りは各種器形の縄文土器、土製品の土偶・動物形・土版、耳飾り、漆器・櫛・飾り弓、織物などに見られ、これらは縄文人の日常生活に直結する物品と言えよう。朱丹はいずれもベンガラ中心で、水銀朱が使われていることもある。近年では北海道でも色料に水銀朱があることが明らかにされ、しかも北海道産出の辰砂を原料にされた可能性が高い。

　北海道における水銀朱の検出は小林幸雄氏による忍路渡場遺跡出土縄文後期中葉に属する赤色漆櫛の分析が初めてである。このことは1989年3月発行『忍路土場遺跡・忍路5遺跡』に報告された。赤色漆櫛には塗膝上塗りと下塗りの2層があり、2層に水銀朱（硫化水銀）が確認された。また朱漆塗紐状製品では色料が3層以上に重なり、下層にはベンガラ、上層には水銀朱、さらにその上層の白味の部分には水銀朱が濃集し、それは高純度・大粒径と推定された。小林幸雄氏らは美沢遺跡群や柏木B遺跡でも水銀朱使用を確認している[2]。1998年に発表された千歳市キウス4遺跡出土の縄文後期末の土器の赤色彩色は色料が2層に分かれ、表層は純度の高い水銀朱、下層はベンガラである。またベンガラと水銀朱を混合した色料で塗彩した土器もあり、さらに飾り弓は上層に水銀朱、下層にベンガラで構成されている。このベンガラではパイプ状ベンガラ粒子が確認され、北海道でのパイプ状ベンガラは千歳市丸子山遺跡、苫小牧市ニナルカ遺跡でも発見されている。水銀朱漆は

I. 施朱とその時代

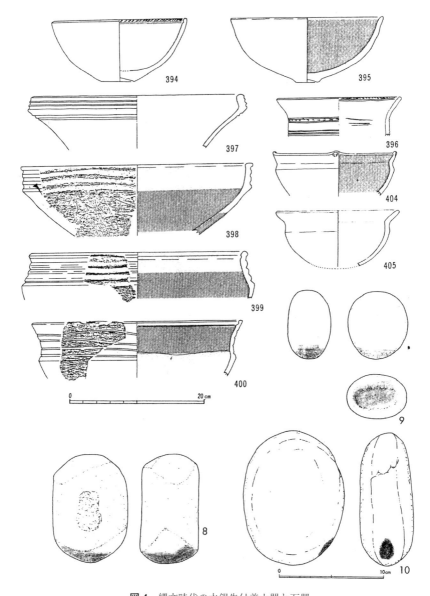

図4 縄文時代の水銀朱付着土器と石器
394〜400, 404〜406 は三重県渡会町森添遺跡出土，1〜3 は三重県勢和村池ノ谷遺跡出土（『森添遺跡発掘調査概報Ⅱ』および『勢和村史』掲載図の改変）

3 朱丹の出現

恵庭市カリンバ3遺跡でも発見されている。腕輪と赤色漆片の赤色漆の分析によって①赤色漆は水銀朱のみ，②ベンガラのみ，③ベンガラ漆の上に水銀朱漆を塗ってあるもの，例外的に④ベンガラ漆に水銀朱が混入している場合などが確認されている[3]。119号土坑墓では底面全体にベンガラ層があり，肉眼観察によれば西側では赤の強いベンガラが散布され，オレンジ系のベンガラにピンク系が混じり，頭部付近には鮮やかな赤色が使われていたと報告されている。この観察状況は水銀朱が頭部に散布されたことの証左に間違いないと思われる。ただ，試料分析は実施されていない[4]。

北海道における水銀鉱床群は北東地区の環大雪山鉱床群，宗谷から天塩山地にかけての中央山脈以西鉱床群，北海道と東北地方に亘る北海道・東北鉱床群の3群が知られ，環大雪山鉱床群では多くの水銀鉱山が稼働した。日本列島で最も多くの水銀を産出したイトムカ水銀鉱山も環大雪山の一角を占めた。イトムカ水銀鉱山発見の契機は1936年北海道を襲った台風による風倒木処理のために翌年の1937年イトムカ川とムカ川合流地点より上流の風倒木搬出用に馬曳き路を建設した。その際，「赤褐色の重い角のとれた石が点々として出てきた」。地元民はこの石を「芋辰砂」，自然水銀を「なま」と呼び，北海道工場試験場に幼児頭大石塊が運び込まれた。「この鉱石の鑑定をしたのが矢嶋澄策」[5]で，水銀含有量80％の辰砂であることが判明した。当時，矢嶋澄策先生は北海道各地に産出する水銀鉱石の研究を進めており，これらのことがイトムカ水銀鉱山の発見・開発につながった。矢嶋澄策先生は初代イトムカ水銀鉱山の工場長であった。

鉱床群地域では辰砂の散在することは普通のことで，この意味では北海道でも縄文時代に赤褐色の塊としての辰砂の採集が行われていたと容易に想定できる。

青森県是川中居遺跡及び風張遺跡出土縄文後・晩期土器片8点に水銀朱塗布が明らかになり，北海道産の水銀朱が青森に搬入されたものと判断された[6]。土器・木器への水銀朱塗りは東京都東村山市下宅部遺跡でも明らかにされている。壺形土器の口縁部には微製粉前の辰砂粒子が付着し，辰砂搬入に使われた土器と推定されている。その土器型式は東北地方のもので，辰砂は東北地方からの搬入の可能性が高いと指摘されている。水銀朱とベンガラの混合色料も利用されており，明確では無かったが下地にベンガラ漆，表

層に水銀朱漆を使った可能性もあり，今後の判断によると指摘されている[7]。私は従来から関東・東北の縄文辰砂は伊勢産ではないかと推定していたが，東北・北海道の辰砂開発も考慮しなければならないと思われる。

〔註〕
1) 児玉大成「縄文時代におけるベンガラ生産の一様相―宇鉄遺跡出土赤鉄鉱の考古学的分析―」『青森県考古学会30周年記念論集』2002 青森県考古学会。児玉大成氏はベンガラ生産について2005年10月「亀ケ岡文化を中心としたベンガラ生産の復元」を『日本考古学』第20号誌上に発表・詳論している。
2) 小林幸雄「忍路土壌遺跡出土漆櫛の制作技法」『小樽市忍路土場遺跡・忍路5遺跡』1989 北海道埋蔵文化財センター
3) 高妻洋成・他「カリンバ3遺跡低地面出土漆製品の材質分析」『カリンバ3遺跡(3)2004』2004 恵庭市教育委員会
4) 『カリンバ遺跡(2)2003』2003 恵庭市教育委員会
5) 矢嶋澄策『想いでの記―イトムカ鉱山』1988.10.4 自家版 イトムカ水銀鉱山開発50周年記念祝賀会での溝演。
6) 河野摩耶・他「風張1遺跡・中居遺跡出土の土器付着赤色顔料の成分分析と同位体分析」『研究紀要』第3号 2014 八戸市埋蔵文化財センター是川縄文館
7) 千葉敏朗『下宅部遺跡Ⅳ』2013 東村山市教育委員会

3. 弥生時代の朱丹

　弥生時代の朱丹は当初からベンガラと水銀朱が利用された。水銀朱は日本産と中国産が使われ始め，弥生時代中期には原石の渡来辰砂が北九州で出土している。かつて東北地方の縄文水銀朱は中国からの移入と言われていたが，今日では多くの水銀朱は日本列島産と認められている。実際，日本列島は「水銀列島」と呼べるほど辰砂の産出地点が多く，産出量も多かった。
　ベンガラの利用は土器の塗料，埋葬施設・遺骸への散布など縄文時代と変わらない使用例が多い。土器の場合はあらゆる器形に赤色べた塗りが施されており，文様を描かれている土器も少なくない。人面付き土器の顔面を始め，身体全体に塗られたものもあり，動物形土製品にも赤色塗彩が見られる。また，弓や木製品に塗彩することもあり，この点でも縄文時代と変わらない。

③ 朱丹の出現

　唐古・鍵遺跡出土朱丹は土器・石器などへの色料として出土し，河野摩耶氏の分析では鉢・片口皿・甕・壺・石器などへの塗布・付着朱丹は水銀朱，鉢・壺などにベンガラ塗布があることも明らかにされ，畿内弥生集落で辰砂の粉砕と製粉，さらにその利用が積極的に行われていたことが知られる。

　土器や土製品への赤色塗彩には①焼成前の塗彩，②焼成後の塗彩，③焼成前・焼成後の塗彩があり，ベンガラは赤鉄鉱を破砕し，さらに台石と磨り石を持って粉末をつくり，色料として使用するものである[1]。

　縄文時代晩期から弥生時代に入ると日本と中国との交流が盛んになり，中国の文物・技術が導入されてきた。その一つに辰砂があり，弥生時代中期後半以降の福岡県比恵遺跡出土集合辰砂（口絵3）と福岡県三雲遺跡出土2個の辰砂は不純物の混入が無く，どちらも西日本には産出しない種類の辰砂と言える。中国からの渡来辰砂と言えよう。いずれも赤褐色を呈する砂状または塊であり，伊勢や豊後，阿波では見られない岩石ではない辰砂である。

　西日本水銀鉱床群の辰砂は石灰岩層，頁岩，石英粗面岩などの層中に赤色帯として存し，これに対して中国では珍重された辰砂は文事通り「朱砂」・「丹砂」であり，赤褐色塊としての産出である。京都岩絵の具店放光堂で店主が，中国からの輸入赤褐色辰砂小粒を1個提供され，鉄板の上に乗せて鉄鎚で力一杯に敲かれた。辰砂は鉄鎚下から四方に真っ赤な花火のように飛び散り，それは見事であった。この辰砂は石灰・石英などを含まない純粋辰砂と判断できた。大和・伊勢・豊後の辰砂は石灰岩層などに挟まれて帯状を呈している時は真っ赤であり，採掘された状態の時は石灰岩などと混在して真っ赤ではない。純粋水銀朱を得るには水簸の必要があるが，弥生時代の技術では日本産辰砂から石灰分を完全に取り除くことはできないから，顕微鏡検査での判断による産地推定の可能性を有している。硫黄同位体比分析による辰砂産地同定を進めている近畿大学の南武志氏は福岡県春日立石遺跡，島根県出雲西谷墳丘墓，京都府大風呂南遺跡など弥生墳丘墓出土の辰砂は中国陝西省産辰砂硫黄同位体比が一致することを明らかにされており，これらは渡来辰砂であるとしている[2]。

　中国産の辰砂は使用に当たって粒子を一定にする作業が必要であるが，不純物を除くための水簸は必要ないものと思われた。北海道の「芋辰砂」は中国産の辰砂に類似しているのではないか。福岡県比恵遺跡出土の赤い辰砂粒子を乳鉢で潰させてもらったが，たちまち真っ赤になった。1960年大和水

銀鉱山が稼働している時に見学し、燃焼室へ運ばれるベルトコンベアの辰砂をいくつかいただいた。大きさは径2〜3cm大で、辰砂以外の鉱物がかなり含まれていた。破砕すると、白っぽい辰砂になる。この辰砂を更に微粉化させて粒子を均一化し、水簸することによって水銀朱を誕生させることができる。しかし、それでも不純物は残る。

弥生時代国産辰砂の採掘跡は大和鉱床群に1ヵ所（松阪市太田・白ケ谷遺跡）、阿波鉱床群に1ヵ所（阿南市若杉山遺跡辰砂採掘砕石跡）の都合2ヵ所しか捉えられていない。国産辰砂の露出状況からすれば、多くの採掘跡が明らかになっても不思議ではないが、研究者の関心が遺跡出土の辰砂に向かっている状況では深い山の中に位置すると思われる採掘・採集跡の発見はまだ先のことと思われる。

〔文献〕
1）『赤い土器の世界─登呂式土器の赤彩を探る─』2012
2）南武志「遺跡出土朱の起源」『地学雑誌』117巻5号　2008　東京地学協会

4. 古墳時代の朱丹

古墳時代の朱丹は水銀朱、ベンガラ、鉛丹の3者が認められる。色料の主流はベンガラから水銀朱に移り、鉛丹は壁画の色料である。水銀朱は渡来辰砂と国産辰砂に分かれ、ベンガラには前代同様赤鉄鉱とパイプ状ベンガラが知られている。

ベンガラによる土器塗彩は弥生土器を同じく①焼成前塗彩,②焼成後塗彩,③①の方法と②の方法の両者による塗彩があり、集落に搬入した赤鉄鉱を粉砕・精製して色料を作るという点は前代と変わらない。ベンガラが壺に入ったままで放棄され、出土することがしばしばみられる。

古墳石室・石槨・遺骸に施される辰砂の量は傑出し、たとえば桜井茶臼山古墳石室で使われた辰砂の重量は200kg以上と推計されており、辰砂採掘と粉砕・精製作業はかなりの規模のものであったと思われる。桜井茶臼山古墳辰砂は「奈良県産辰砂鉱石から多量に精製した朱を保管して」[1]いたことにより200kg以上も施来されたと結論付けられている。南武志氏は黒塚古墳・

3 朱丹の出現

富雄丸山古墳での施朱辰砂は伊勢産（三重県丹生鉱山），天神山古墳での施朱辰砂は大和産（奈良県大和水銀鉱山）である[2]ことを明らかにされている。矢嶋澄策先生分析による大和水銀鉱山産辰砂・三重県丹生水銀鉱山産辰砂と各古墳出土朱丹の比較検討では，推定大和産は千葉県新皇塚古墳・千葉県木更津市手古塚古墳，島田暁氏提供の奈良県天神山古墳の辰砂は水銀51.6％で砒素分が多く，丹生水銀鉱山産の数値に近いため伊勢産と推定されている。また高橋公男氏提供の大阪府道明寺古墳出土辰砂は水銀含有82.5％，遊離硫黄0.6％で，人工辰砂と判断された。ただ，この試料出土古墳には信憑性に疑義が感じられる。今日知られている古墳時代の辰砂採掘・砕石跡は弥生時代から継続していた2ヵ所である。そこで発見される石杵・石臼は大量である。採掘・砕石には多くの古墳時代人が従事したものと思われる。

　私は1959年6月，「辰砂考」を書き上げ，以下を結論づけた。古墳時代辰砂は伊勢・大和・紀伊の紀伊半島辰砂鉱床群の産出で，『魏志』東夷伝倭人の条記載「其山有丹」の山は紀伊半島の山々であり，女王から魏王への貢物の「丹」は辰砂のこと，そして魏王から女王へ下賜された「真珠・鉛丹各五十斤」の「真珠」は真朱と論じ，積極的に国産辰砂の採堀・流布を主張した[3]。この議論は大方の認めるところになっていると思われ，今日では朱丹分析の進捗により古墳出土辰砂の大部分は国産という評価を得ている。

　6世紀に仏教が伝来すると，朱丹の世界にも影響が現れた。金銅製仏像の鍍金には水銀は不可欠で，渡来水銀が利用されることもあったとは思えるが，日本産の天然水銀さらには辰砂製錬による水銀確保が普及し，黄金の世界が誕生した。しかし一方では仏教寺院に朱丹塗り建造物が出現し，奈良県薬師寺講堂基壇では朱丹が基壇築造の際に散布され，金銅製小仏像の内面には朱丹塗りが施された。東京国立博物館法隆寺館展示の小金銅仏，武蔵国分寺道路側溝出土小金銅仏などは胎内朱丹塗りの代表例である。

〔文献〕
1) 南武志・他「同位体分析法を組み合わせた桜井茶臼山古墳出土朱の産地同定」『日本文化財科学会第30回大会研究発表要旨集』2013年7月15日　日本文化財科学会
2) 南武志「遺跡出土朱の起源」『地学雑誌』117巻5号　2008　東京地学協会

3) 市毛勲「辰砂考」『古代学研究』23　1960　古代学研究会

5. 奈良・平安時代の朱丹 ― 正倉院の辰砂

　隋・唐の時代には日本・中国との交流は以前にも増して盛んになり，中国の文化・文明が直接的に流入してきた。律令制や都城制，更には仏教とその制度は日本列島全域に取り入れられた。平城京・平安京には朱丹塗りの建物が立ち並び，各国々にも同様の朱丹塗り建物が見られた。この朱丹塗りは多くがベンガラで，水銀朱は使われなかった。水銀朱つまり辰砂は水銀製錬の原料であり，水銀は仏像鍍金に不可欠の材料であった。また，この時期には水銀を原料に白粉が製造され，平安女性の顔肌を滑らかにした。滋賀県中主町八夫遺跡では化粧道具一式が出土し，白磁の小壺には白粉が3分の1ほど残っており，木箱の底には水銀朱が付着していた。平城京右京のSX46では木棺墓が出土し，隅の方に化粧箱が副葬され，漆器合子などの化粧道具が入っていた。

　水銀朱は隋・唐，奈良・平安時代では皇帝の色であった。この場合の水銀朱は中国貴州や辰洲で採掘された辰砂粉末の色彩で，皇帝を象徴する水銀朱は衣服・調度品や印肉に用いられた。天皇の御璽は辰砂の印肉でなければならなかった。

　皇帝の色としての辰砂の起源は施朱の風習にまで遡れる。辰砂は蘇生剤であり，皇帝の若返りと長寿を促す。辰砂の鮮やかな朱色と辰砂の有する科学的性質が古代人にそのような理解をさせた。辰砂は赤から白，黒にも変化し，時には液体の水銀となって金を飲み込み，銅地を金色燦然と永久に輝かせることもできる。神仙薬の第1位に置かれるのも，それなりの理由のあることであった。

　天皇を象徴する色彩として辰砂の朱が選ばれるには，古代中国での取り扱い方に基本があることは言うまでもない。天皇の象徴としての辰砂の朱は天武天皇に始まると言えよう。古代国家の形成や古代天皇制の成立に天武天皇が強くかかわっており，壬申の乱を経て強力な天皇権力が誕生した。天武天皇は辰砂の朱を好まれた。辰砂の朱は権威・権力も象徴し，朱色の出現は祥瑞（天瑞）と理解された。

3 朱丹の出現

　712年に成立した『古事記』[1]序文に「杖矛威を挙げて，猛土煙のごとく起こり，絳旗兵を耀かして，兇徒瓦のごとく解けき。」とあって天武天皇（当時は大海人皇子）と朱色との関わりが初めて記された。兵士一人ひとりが背中に着けた耀く朱色の旗は，大きなうねりとなって近江軍に押し寄せ，近江軍は屋根瓦が滑り落ちるごとく敗退していったと言うものである。
　天武天皇は高市皇子を大津宮攻略に向かわせ，この時の状況を『日本書紀』[1]は次のように記している。
　　「数万の衆を率て，不破より出でて，直に近江に入らしむ。其の衆
　　の近江の師と分け難きことを恐りて，赤色を以て衣の上に着く。」
　この「赤色」とは『古事記』序文の「絳旗」であり，『万葉集』[1]柿本人麻呂の歌の「幡」でもある。

　　諸人の　おびゆるまでに，
　　捧げたる　幡のなびきは
　　冬ごもり　春さり来れば
　　駅ごとに　着きてある火の
　　風の共　なびくがごとく

　『古事記』編者の太安万侶は天武天皇側の朱旗軍勢によって敗退する近江軍の様子を屋根の「瓦のごとく解けき」と表現し，柿本人麻呂は朱旗軍勢を燃え盛る野火の拡大に喩えた。表現の違いはあっても両者には朱色の勢いが近江軍を圧倒する様が詠われている。辰砂の朱は天武天皇そのものであった。
　天武天皇の政権は皇族と壬申の乱に功績のあった地方豪族で固められ，天皇の絶対的権力が確立した。柿本人麻呂は天武天皇を讃えて

　　皇は神にし坐せば赤駒の葡萄ふ田井を京師となしつ
　　大王は神にし坐せば水鳥の多巣く水沼を天都と為しつ

と詠い，栗毛の馬をわざわざ「赤駒」と詠んで天武天皇の神格化と王権の絶対化を表現した。
　辰砂の朱の勢いによって壬申の乱に圧倒的勝利を収めた天武天皇は朱色の出現を祥瑞と認められ，天武天皇6（677）年11月「筑紫大宰，赤烏を献れり。則ち大宰府の諸司の人に，禄を賜ふこと各差有り。且つ専ら赤烏を捕れ

Ⅰ. 施朱とその時代

る者に爵五級を賜ふ。」ことがあり,「赤鳥」の出現は祥瑞であり,そのことはその後も続き,天武天皇9 (680) 年7月「朱雀,南門に有り」,同10 (681) 年7月「朱雀見ゆ」,同年9月「赤亀を貢れり」などと『日本書紀』[1]には記録されている。天武天皇15 (686) 年には朱鳥元年と改め,この年に天武天皇は亡くなっている。天武・持統天皇陵の檜隈大内陵の石室は「床面を含む全面に朱を塗」[2]っており,この場合の朱は水銀朱で,天皇の御璽に辰砂が採用されたのも天武朝からであろう。

天武天皇が「朱」にこだわった理由に,井上通泰は「その最適切なるものは漢高祖と項羽との戦いである。されば天武天皇は恐らく御身を漢高祖に擬したまうたであろう」「漢高祖は夙くから赤色を貴びて旗幟の如きも皆赤きを用ひた」[3]と述べ,これらのことは律令政府官僚の間では周知のことであったとしている。

天武天皇以来,朝廷と辰砂 (水銀朱) は深い関係を持ったと言えるのではないだろうか。天皇の御璽は辰砂の朱であったし,朱は天皇を象徴する色でもあった。正倉院薬物の科学的調査が1948 (昭和23) 年から4年間実施され,辰砂粒が薬塵の中に発見された。報告書では「種々薬帳,宝器主管目録等には記録なく,在庫の由来,経路等も全く不明の物」の中に分類され,辰砂粒の形状・色彩について次のように記述されている[4]。

39 辰砂―1個。大きさ2.5mm × 2.0mmの凹凸ある非規則な粒で,深紅色を呈し,条痕は紅く,金剛光沢を帯び,半透明である。硬度はガラスより軟らかく,爪より硬い。辰砂Cinabar HgS は種々薬帳にも帳外にもない品で,その所属,混入経緯は全く不明である。帳外28「丹」(北第149号) は鉛丹で辰砂ではない。辰砂は丹砂,朱砂などともいう。

また,益富寿之助は「辰砂Cinabar 1個 2.5mm × 2.0mm × 2.0mm。凹凸ある不規則の粒,深紅色,条痕色,混入の経緯,産地不明。」[5]と記し,報告書に若干のことを加えている。

正倉院薬塵中辰砂調査報告書記述では,破砕を受けていない純粋辰砂と判断でき,日本列島産のように石灰岩が含まれていない。正倉院1粒の辰砂は福岡県比恵遺跡出土の中位粒辰砂に形状・色彩・大きさとも類似し,中国産辰砂の可能性が高く,この辰砂の場合は東大寺毘慮遮那仏鍍金用辰砂という

より天皇御璽の印肉製作に関わるものと理解できる．恐らく，古代天皇御璽の印肉原料は中国からの輸入の純粋辰砂であったろう．中国辰砂は表面暗褐色を帯び，破砕すると真っ赤な粒子が飛び散る．

　辰砂は『抱朴子』によれば，上薬32種のうちの第1位であり，その効能は「久しく服用すれば神明に通じて老いず」とされ，水銀もまた「久しく服用すれば神仙となり死せず」であったから，辰砂・水銀とも不老長生の主たる役割を担った．唐の歴代皇帝は好んで服用し，中毒死した皇帝や官僚がいたこともよく知られている[6]．水銀は有毒であり，長く常飲すれば中毒を引き起こし，甚だしい時には死に至る．このことは唐代に既に指摘されていたことである．不老不死の信仰を旨とした道教では，種々の術を通して不老不死を実現しようとし[7]，そこでの石薬としての辰砂・水銀の意義は大きい．『日本書紀』の常世国や浦島子伝説には，神仙世界に憧れる人々の姿を見ることができる．聖武天皇が天平元（729）年4月に出された詔勅は道教の禁止を示したものと指摘されており，詔勅に記された「合薬造毒，万方作怪」は金丹製造ではないかと解釈できる．このことでも石薬としての辰砂・水銀が想定でき，一部の貴族には辰砂・水銀を原料として丹薬の常飲があったと推察できる．辰砂・水銀の有する不老長生の効能にたいする信仰はその産地に生育する薬草にも特別の関心が払われ，吉野や宇陀が薬猟の地に選ばれていた．しかし，天平元（729）年4月条の詔勅に「毒」と言う指摘は，死に至らしめる丹薬との認識が窺われ，そのため辰砂・水銀を原料とした神仙薬が正倉院宝物として伝世することは無かったと言うべきであろう．

〔文献〕
1) 岩波書店古典文学大系『古事記』『日本書紀』『万葉集』
2) 『飛鳥時代の古墳』1976　奈良国立文化財研究所飛鳥資料館
3) 井上通泰「天武天皇紀闇幽」『歴史地理』54-3　1914　京文社
4) 朝比奈康彦『正倉院薬物』1955　植物文献刊行会
5) 益富寿之助『正倉院薬物を中心とする古代石薬の研究』正倉院の薬物 I　1958　日本鉱物趣味の会
6) 坂出祥伸『道教と養生思想』1992　ペリカン社
7) 福井康順『道教』1・2・3　1982　平河出版社

6. 中近世の朱丹

　中世は伊勢丹生における辰砂の採堀の最盛期で，採掘された辰砂は製錬して水銀が得られ，水銀朱に戻されることは無かった。その水銀を利用して「伊勢白粉」を製造し，伊勢御師の活躍や伊勢のお土産として全国にもたらされた。

　中世末には渡来水銀を原料に水銀朱製造が博多・堺で行われ，やがて堺における水銀朱製造所が幕府公認を得，朱座が組織された。朱座は水銀朱製造・販売の権利を有し，将軍・大名らの需要に応えた。水銀朱は将軍・大名らの朱印専用になり，彼らの埋葬に際し防腐剤としてお棺に納められた。将軍家の葬儀では多量の水銀朱が使われ，江戸の町に水銀朱が枯渇したとさえ言われた。

4 施朱の風習

1. 施朱の風習の出現—死と埋葬

　人が生命活動を停止した時に死が訪れる。今は脳死によっても死と判断される。心肺停止によって人の死と判断された時代には，何かのはずみで息が回復すると，生き返ったと一族は祝賀し，その回復が何かの呪術を切掛けにしていれば，その呪術は大いに歓迎された。朱丹つまり赤い血液は生命消失の要因であり，その補充は生命復活の原動力と理解されることもあった。肉体に朱丹を塗り，戦いに挑むこともあり，このことによって勝利への活力が得られる。

　死は血液の消失であり，朱丹を補充するも生命回復不可が認識され，さらに身体硬直後間もなく腐敗が始まると，遺骸埋葬の準備が開始される。埋葬施設・土坑の掘削，そして死者埋葬には朱丹が積極的な役割を担った。生命の根源は頭胸部にあり，魂もそこに宿ると理解されていた時代には，そこに朱丹を施す。つまり『施朱の風習』の出現である。今日知られる最古の事例はネアンデルタール人遺骸への施朱であり，旧石器時代末期には日本列島北方へも及んできたと思われる。色料は赤鉄鉱の粉末であり，ヨーロッパではオーカーと呼ばれる。

　日本列島における施朱風習には北方系・西方系（図5・図15）の2系統があり，共に以下の5方法が認められる。①死者の頭胸部への施朱，②死者全身への施朱（下半身にベンガラのこともある），③②の方法に加えて木棺・石棺内外面または内面に施朱，④③の方法に加えて石室の基台と槨室内面に施朱，⑤その他　死者には無施朱で石棺・石室内面に施朱。これらの行為が埋葬の儀礼に伴っている。

　施朱の風習は汎世界的な現象であり，原始古代社会に限られた風習であった。日本列島では北海道の旧石器時代末あるいは縄文時代草創期に始まり，北海道・東北北部の縄文時代に広く受け入れられた（図6）。今日分っている色料はベンガラではあるが，縄文後晩期には北海道産の水銀朱（辰砂粉末）利用の可能性も充分考えられる。この種の問題については3-②項で詳しく論じている。

　一方，本州を挟んで北海道に対峙する九州では，縄文早期にベンガラ製造

Ⅰ. 施朱とその時代

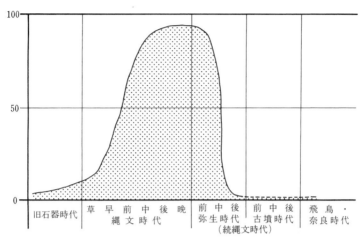

図5 北方系施朱の風習盛衰イメージ図

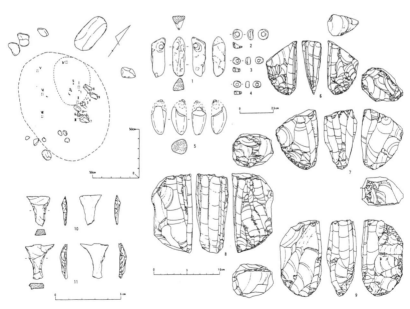

図6 北海道湯の里4遺跡の土坑と出土玉類・石器群
　図の外側破線は土壌範囲，内側破線は赤色物検出範囲。速報ではベンガラ検出範囲とされていた。

やその利用が積極的であったと認められている。製造された朱丹が死者に用いられることは無かった。しかし、縄文後期後半の福岡県山鹿貝塚人骨の4体には施朱が行われており、これが確認できた西日本における最古の施朱の風習である。施朱の状況は人骨全体では無く、胸頭部に施されたものと判断できた。北方系施朱の風習は縄文後晩期が全盛期であり、北海道・東北地方の縄文人が本州各地を飛び越えて九州に定着したとは認められず、九州の施朱の風習はむしろ大陸からの新たな到来との理解が自然であろう。

施朱の風習は北海道と九州に時代が大きくずれて到来したもので、それらは北方系施朱の風習と西方系施朱の風習に分けて捉えることができる。そしてこの二つの施朱の系統は統一されることなく、消滅するまで続いたと認められる。

2. 北方系施朱の風習の展開と終焉

北海道・東北北部の施朱の風習は旧石器時代末に北方から伝来したものと認められる。北海道上磯郡知内町湯の里4遺跡P-15(図6)では土壌分析によって墓坑であることが確認され、土壌の赤色部分を当初ベンガラと判断されていた。しかし、本報告では「赤色土壌」に変更された。P-15の「赤色土壌」分布範囲は110×90cmで、確認面からの深さは30cmある。墓坑本来の規模は30cm以上の深さがあったものと推定できる。墓坑からは石製垂飾1個、玉3個、琥珀製垂飾1個、石核4個、円礫1個が出土している。「赤色土壌」については本報告でも「ベンガラ」という見方は捨て去ったものではないとされ、「このピットが墓であることと同時に遺体の中心的位置も推定することができた。その位置は、赤色土壌の濃度の高い部分と若干のずれはあるものの非常によく一致しており」、基本的には縄文時代以降の墓制と変わることは無いと、速報の際の結論に準じている[1]。P-15が墓坑であり、赤色の濃い部分が中心とは頭胸部の位置であることを意味し、この状況は日本列島最初の施朱の風習の事例と認められる。しかも湯の里4遺跡出土の石製垂飾や玉の材質は日本産のものではなく、サハリンからシベリアにかけて産出し、施朱の風習を伴ってこれらの地域からもたらされたものと考えられる。

施朱の風習における主要な役割を担うベンガラは北海道各地の旧石器時代

I. 施朱とその時代

遺構で製造が確認されている。旧石器時代ベンガラの利用は「石器以外のもの（木器や身体など）に塗布」[2]「旧石器前半では皮革への着色（略）ほかに『施朱』や芸術的な用途（略）極日常的な用途」[3]とされるが、施朱の風習の利用があると指摘された利用分野以外は全て推定に留まっている。北海道における旧石器時代ベンガラ製造遺跡は福井淳一氏によれば①上士幌町嶋木遺跡、②帯広市川西C遺跡、③千歳市丸子山遺跡、④帯広市南町2遺跡、⑤蘭越町立川遺跡、⑥帯広市大空遺跡、⑦長万部町オバルベツ2遺跡、⑧幕別町札内N遺跡、⑨上士幌町居辺17遺跡、⑩帯広市別府1遺跡の10ヵ所が挙げられており、北海道旧石器時代では普遍的にベンガラ製造が行われていたことが理解でき、その利用目的解明は今後の研究に負うところ大である。

　北海道における縄文草創期施朱の風習は今日捉えられてはいないが、前述のように旧石器時代のベンガラ製造遺跡が多くみられる所から推して施朱の風習への利用が充分考えられ、施朱の風習は旧石器時代から縄文時代へ切れることなく継続したと認められる。早期の施朱の風習は釧路市貝塚町所在東釧路貝塚第一地点の土坑墓で確認されている。貝塚の1958年度の調査で早期土坑墓にベンガラ層を確認し、1960年には2基の土坑墓発掘でベンガラ層が検出された。第一土坑墓では坑底から20cm上方に水平ベンガラ層があり、その上に人骨が認められた。第二土坑墓では坑底全体にベンガラが施され、とくに頭胸部に厚く、5～10cmを測った。1965年の調査ではイルカ、トド骨集積部からベンガラが出土し、小児骨埋納土坑墓からもベンガラ層が発見された[4]。1958年発掘では施朱の風習の詳しい内容は把握できないが、1960年発掘の第一土坑ではベンガラ層の上に人骨が出土し、人骨への施朱は見られなかったようであるが、第二土坑の施朱は頭胸に厚くこの状態は施朱の風習一般にみられることで、頭胸が生命または霊の所在位置として意識されていたことと窺われる。早期の施朱墓は恵庭市柏木B遺跡では計6基発見された。最古の第1103土坑墓施朱はベンガラ層の厚さ5～17.6cmを測り、頭胸部に厚い状況を知ることができる[5]。

　北海道縄文早期における施朱の風習は①土坑底にベンガラを散布し、②さらにその上に遺骸を安置してベンガラを散布し、特に頭胸部に厚くする。施朱の方法は土坑と遺骸上と2重になるが、発掘調査では上下施朱が一体化し、ベンガラ層は1層のみになる。

4 施朱の風習

　縄文前期になると発見される施朱墓数は増大し，墓域における施朱の割合も多く，施朱の風習が拡大してきたことを窺わせる。釧路市東釧路第3遺跡の施朱墓は11基，苫小牧市静川22遺跡では10基の土坑底にベンガラ層が検出された。この遺跡の5号土坑墓ではベンガラ層の厚さ3cmであった。施朱の在り様は前代と変わりなく，頭胸部尊重は相変わらずである。

　縄文中期は施朱の風習の最盛期に近く，北海道の各所で施朱墓が発見され，その数も増えた。東釧路第二地点，東釧路1丁目遺跡，北見市開成1遺跡などは代表的施朱墓を要している。次の後期は施朱の風習全盛期と呼んでもいいのではないかと思う。とりわけ後期後半には施朱の風習が爆発的流行を見せる。恵庭市柏木B遺跡後期後半の第一号環状周堤墓の円形竪穴部に土坑墓21基の85％に施朱，周堤部土坑墓18基の39％に施朱が行われており，静内町御殿山遺跡の第3次調査で32基の土坑墓が発掘され，そのうちの13基40％が施朱墓であった。

　柏木B遺跡第一周堤墓の土坑墓（口絵2，図7）におけるベンガラ検出状況は，

　①坑底全面にベンガラ層（敷いた状況），
　②坑中位にベンガラ単純層またはベンガラ混入土層，
　③坑上位にベンガラ単純層またはベンガラ混入土層，
　④ベンガラ塊

の4種に分類でき，①・②・③の組み合わせ土坑墓は1基，①・②・④の組み合わせ土坑墓は1基，①・③の組み合わせ土坑墓は8基，①の土坑墓が最も多く，10基を数える。②または③のみの土坑墓も各3基発見されている[6]。ベンガラ検出状況分類②と③は遺骸をある程度土砂で埋めた後にベンガラを散布したものであろう。③は土坑墓の位置を示す地表面に施され，時が経つにつれ埋没して③の状況になったと推定できる。②も同様に考えられる。

　苫小牧市美沢1遺跡では1976年に施朱墓5基，1978年に縄文後期後半の周堤墓6基が発見され，その内の3基では多くの施朱土坑が発掘された。JX-3環状周堤墓に17基の土坑底にベンガラ層が認められ，17基のうちの6基土坑上位にもベンガラ層が認められた。17基の実測図を見ると，頭蓋骨を始めとする人骨や弓などの副葬品が坑底のベンガラ散布敷きの上面から出土している。このことは遺骸・副葬品にはベンガラが散布されなかったこと

Ⅰ. 施朱とその時代

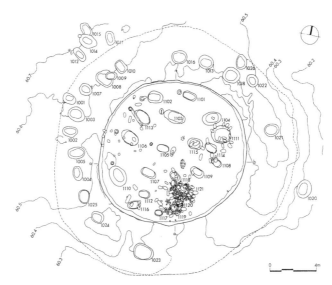

柏木B遺跡第一号環状周堤墓

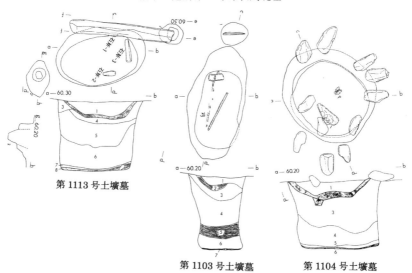

第1113号土壙墓　　　第1103号土壙墓　第1104号土壙墓
※土壙墓内の土層黒塗りはベンガラ層

図7　北海道恵庭市柏木B遺跡第一号環状周堤墓の土壙群（『柏木B遺跡』掲載図を改変）

④ 施朱の風習

を意味するのであろうか。JX-4環状周堤墓の土坑18基は坑底全面にベンガラが散布敷きされ，この土坑図面でも人骨はベンガラ層上に実測されている。土坑上位にベンガラ層が検出された18基中6基，33％の割合であった。KX-1環状周堤墓では土坑10基の内8基が施朱墓で，坑底全面ベンガラ散布は4基，遺骸安置箇所への施朱は3基，土層中位にベンガラブロックが1基であった。坑底全面ベンガラ散布敷き層中から頭骸骨の出土した土坑が1例知られる[7]。

千歳市美々4遺跡の1980年調査では環状周堤墓2基，土坑墓28基など縄文後期に所属する多くの遺構が発掘された。BS-1環状周堤墓の土坑6基の坑底にはベンガラ散布敷きがあり，その内の1基には土坑上位と中位にもベンガラ層が検出され，都合3層が確認された。BS-3環状周堤墓では10基の土坑にベンガラ層が検出され，

① 底全体，
② 坑底中央部（頭胸部），
③ 坑底の一方に偏った位置（頭胸部），
④ 坑底小範囲に2ヵ所

の4種の施朱が知られた。②・③・④のベンガラは坑底に散布されたものではないと判断される。

縄文後期後半に急速流行し始めた北方系施朱の風習は後期末から晩期に入っても衰えず，むしろ一層の流行を見たと言えよう。施朱された土坑墓を要する遺跡は木古内町札前遺跡，釧路市幣舞遺跡，釧路市緑ヶ岡遺跡などが知られ，とりわけ1999年から2002年の3ヵ年間調査された恵庭市カリンバ3遺跡における土坑・土坑墓の数は膨大で500基に達すると言われ，調査対象地5,200m^2に1500基の土坑墓があると推計されている。119号土坑墓のベンガラ層は底全面に検出され，西側に多く，西側半分には赤色の強いベンガラ，北と南側では明確な色違いが認められ，「とくに頭部付近と左右の腕輪の間胸部から腹部にかけては，鮮やかな色」で，「北側約半分は南側に比べるとわずかに暗い，朱色に褐色が混じる。(略) 顔料の種類が異なる」と報告されており，カリンバ3遺跡出土赤色漆製品からベンガラと水銀朱が検出されており，カリンバ3遺跡の人々が施朱の風習に水銀朱（辰砂）を利用した可能性が高いことを示している[8]。筆者は北海道産の辰砂が施朱の風習に

39

Ⅰ. 施朱とその時代

利用されない訳はないと従来から考えてきているが，北海道の研究者間では土坑墓の色料はベンガラとの思いが強く，ベンガラが科学分析に回されたという記録が出てきていない。朱漆と同様分析が必要であろう。

　以上の縄文晩期土坑墓への施朱状況は基本的には縄文後期と変わりない。それは
　　①坑底全面にベンガラ散布敷き，
　　②土坑底中央部（頭胸部の位置）へベンガラ散布敷き，
　　③土坑底の片寄った位置（頭胸部）へのベンガラ散布，
　　④坑底の小範囲，⑤土坑土層中位にベンガラ散布，層の形成。

　たとえば，釧路市緑ヶ岡遺跡（図8）での状況を見ると，施朱墓は17基で，P23土坑では土坑底全体の他，土坑中央部と頭蓋骨に特に厚く，他の人骨部分にもベンガラが検出され，また P28 土坑は墓埋め土の中位に厚さ 8cm のベンガラ層が見られた。P33 土坑墓のベンガラは土坑壁に沿って検出され，このことはベンガラ付着の筵様のものに遺骸を包んで埋葬した結果と考えられている[9]。

　北海道の施朱の風習は続縄文時代に入ってもなお盛んで，北方系施朱の風習は縄文後晩期・続縄文前半期（恵山期）が最盛期と把握される。そして続縄文後半期には急速衰退してしまう。

　続縄文施朱墓の発見された遺跡に釧路市興津遺跡，石狩町紅葉山33号遺跡，室蘭市絵鞆遺跡，紋別市紋別ゴルフ場遺跡，苫小牧市ニナルカ遺跡B地区，北見市中ノ島遺跡，余市町天内山遺跡，常呂町栄浦第一遺跡など多数知られる。また土坑墓群における施朱を土坑墓の割合も高く，紅葉山遺跡で96％，アヨロ遺跡で100％，元江別Ⅰ遺跡（図9）で53％であった。

　石狩町紅葉山33号遺跡における施朱の実態は以下のようである。施朱墓29基のベンガラ検出状況は5分類できる。
　　①土坑底全面にベンガラ散布敷き，11例
　　②土坑上面（坑口部）から土坑底までの連続で土坑底全面にベンガラ，2例
　　③土坑底の遺骸安置箇所範囲にベンガラ散布，6例
　　④土坑底の一部にベンガラ盛り上がり堆積，3例
　　⑤土坑底の一部または埋め土中にベンガラ，7例
　ベンガラと人骨・副葬品の出土に関しては，それらがベンガラ層中検出の

4 施朱の風習

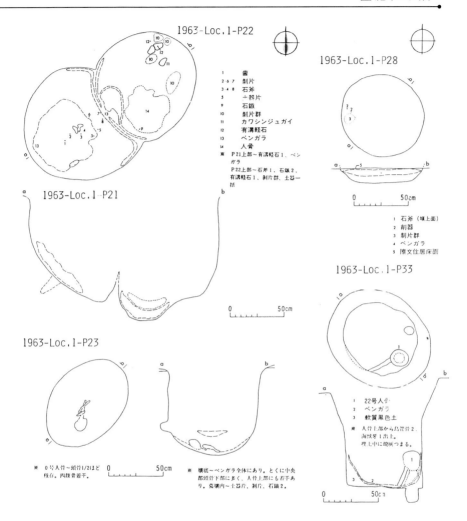

図8 北海道釧路市緑ヶ丘遺跡土壙墓ベンガラ出土状況
（宇田川洋・沢四郎「釧路緑ヶ丘遺跡の墓壙」掲載図を改変）

土坑墓3基を数え，それは遺骸が土坑底のベンガラ敷きの上に安置され，その上面にもベンガラが施されたものと思われ，③の場合は頭胸部にベンガラを多量に散布した事例であろう。④はベンガラが遺骸と直接触れず，副葬品の一種としての扱いである。⑤は主として頭胸部にベンガラ少量が施された結果と思われる[10]。

Ⅰ. 施朱とその時代

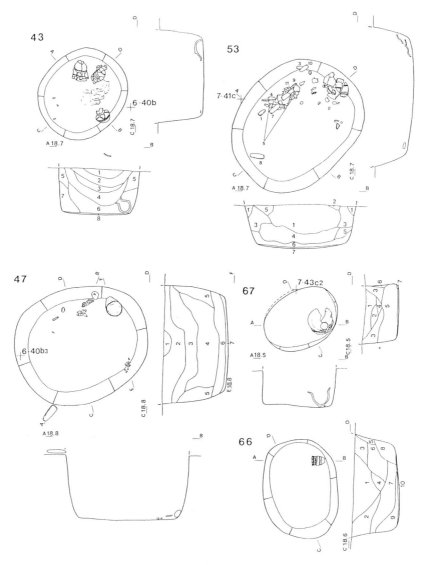

※図のベンガラ層は43-8層, 47・53・67-7層, 66-10層

図9　北海道江別市元江別遺跡土壙墓ベンガラ検出状況
（『元江別遺跡群』による）

④ 施朱の風習

　北海道旧石器時代末に開始されたと思われる北方系施朱の風習は縄文後晩期・続縄文時代に北海道全域で全盛期を迎え，それは海峡を越えて東北北部にも及んでいた。東北北部では縄文中期中葉から後葉の大木8b式〜大木10式期に施朱の風習が現れる。それは北海道での盛期初期と言えよう。山形県村山市西海淵遺跡では大木8b式〜大木9式前半期の施朱墓[11]，また青森県三戸町泉山遺跡では大木10式土坑墓にベンガラが発見されている[12]。

　山形県西海淵遺跡の場合，土坑墓150基のうちの1基にベンガラ，青森県泉山遺跡の場合も土坑墓6基のうちの1基にベンガラが発見された。その状況は土坑墓底に径20cmの円形に糊状のベンガラと歯6本が検出されたもので，遺骸の頭胸部に施朱された結果と思われ，施朱の方法や地域から見て，北方系施朱の風習所属は明白であった。

　青森県内の縄文後期施朱土坑墓は八戸市是川中居遺跡，風張（1）遺跡，平舘村尻高（2）・（3）遺跡，青森市宮田遺跡などから発見されており，とりわけ是川中居遺跡では人骨多数が出土し，1920年に63体，1974年に8体を数えた。施朱人骨は1920年のものにベンガラ付着1体，1974年には土坑墓4基が発掘され，第1土坑墓から全身に淡くベンガラの付着した人骨1体，第3号土坑墓に埋葬された人骨1体にもベンガラが付着し，特に頭蓋骨及び胸右側に濃厚で，全身に施朱されたものと思われる。両人骨とも成人男子である。八戸市風張（1）遺跡発見の土坑墓は126基，その内の11基以上にベンガラが検出され，28土坑墓では坑底全面にベンガラ散布敷きであった。

　秋田県内縄文後期施朱墓は鹿角市大湯環状列石，鹿角市大湯環状列石周辺遺跡A地区，増田町八木遺跡，大館市家ノ合遺跡などが知られている。

　大湯環状列石配石遺構の一本木口地区土坑墓は44基発掘され，その内の施朱墓は25基で，57％に達する。いずれも縄文後期前半に所属し，出土朱丹は土坑底に施されたものであった。朱丹検出の詳しい状況は解らないが，実測図では土坑中央，または土坑片隅に片寄っており，土坑底全面に施朱されたものではない[13]。その状況はおそらく周辺遺跡A地区の場合と変わらないであろう。

　大湯環状列石周辺遺跡A地区の遺構は配石遺構・弧状列石・土坑・柱穴状ピット・焼土遺構などで，配石遺構下土坑33基の内25基，土坑では12基の内3基にベンガラが検出された（図10）。ベンガラの検出状況は

I. 施朱とその時代

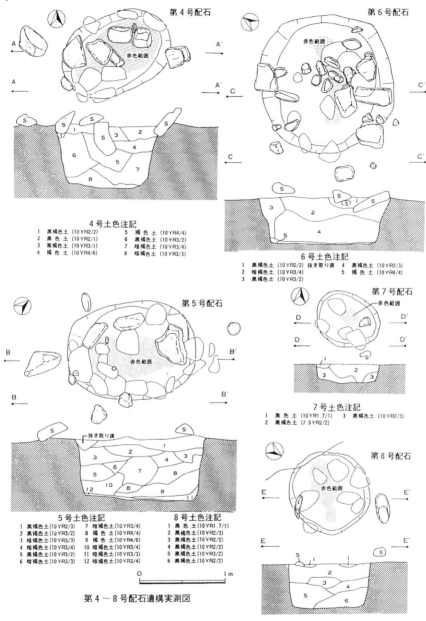

図10 秋田県鹿角市大湯環状列石周辺遺跡　A地区土壙墓のベンガラ検出状況
（『大湯環状列石周辺遺跡発掘調査報告（2）』による）

① 土坑底中央全体に亘るベンガラ，
② 何処底中央に1ヵ所にベンガラ，
③ 土坑底の2～3ヵ所に分かれてのベンガラ，
④ 土坑底隅にベンガラの検出，

の4種に分けられる。検出状況の観察では施朱と遺骸との関係は明瞭ではないが，ベンガラを土坑底に散布敷きしたものではなく，遺骸の一部または遺骸全体に施朱したものと認められる。施朱を受けた配石遺構は75％，土坑は25％に達し，施朱の風習は秋田県でも縄文後期前半の段階でも急速普及したことが理解できる[14]。

岩手県遠野張山遺跡は縄文中期後半から後期初頭になるが，この期に属する土坑墓12基のうち8基の土坑底にベンガラが検出された。軽米町大日向Ⅱ遺跡では土坑墓10基が検出され，その内の3基の土坑底にはベンガラが出土した[15]。

宮城県では後期前半に属する仙台市大野田遺跡の配石遺構下土坑に朱丹が検出されている。

以上東北北部縄文時代後期の施朱の風習の具体相を見てきたように，北方系施朱の風習は東北北部各地に波及し，また施朱された土坑墓の割合も拡大した。施朱の方法は頭胸部に限らず，遺骸の全体に及ぶこともあったが，北海道の施朱のように土坑底に数センチのベンガラ散布層や土坑埋めにベンガラを使い，遺骸上位にベンガラ層を構成することは無かった。

縄文時代後期に入ると，施朱を受けた土坑墓は増えるがその分布地域は後期の範囲と変わらず，東北北部でも施朱の風習の盛期は縄文後・晩期で，北海道と変わらない。

縄文晩期の施朱人骨・土坑墓は青森県では源常平遺跡・蛍沢遺跡（図11）・上尾鮫（1）遺跡・明戸遺跡，秋田県の柏子所貝塚（口絵2）・藤株遺跡・上新城中学校遺跡・湯出野遺跡（図11）・梨ノ木塚遺跡（図11）・平鹿遺跡・虫内Ⅲ遺跡，山形県の宮ノ前遺跡，太平洋沿岸の岩手県では大洞貝塚・上米内遺跡・上鷹生遺跡，さらに宮城県の中沢浜貝塚・里浜貝塚の「赤い人骨」が知られている。ベンガラは頭胸部に厚く，このことから頭蓋骨部を中心に施朱されたものと思われる。中沢浜貝塚出土人骨総数は23体，その内ベンガラ付着は7体，里浜貝塚人骨は13体，施朱された人骨は10体で

Ⅰ. 施朱とその時代

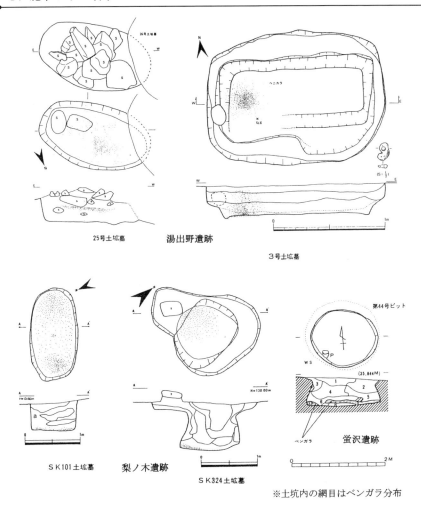

図11 青森県蛍沢遺跡・秋田県湯出野遺跡・秋田県梨ノ木塚遺跡墓壙のベンガラ検出状況
(『蛍沢遺跡―青森県戸山団地予定地内蛍沢遺跡緊急発掘調査報告―』・『湯出野遺跡発掘調査報告書』による)

あった[16]。

　土坑墓におけるベンガラ検出状況について秋田県上新城中学校遺跡 (図12) を例に見ると,
　①土坑底主軸の一方に片寄った位置 (顔面または頭胸部への施朱)
　②土坑底の側壁へ片寄った位置の2～3ヵ所 (遺骸各部への微量施朱)

46

4 施朱の風習

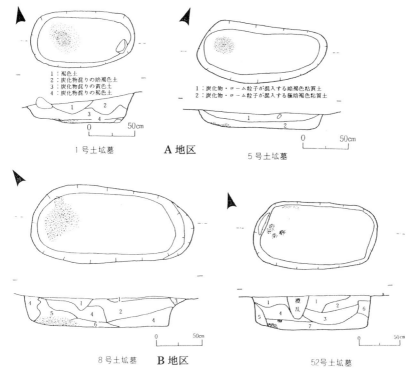

図12　秋田県鹿角市大湯環状列石周辺遺跡
A地区土壙墓のベンガラ検出状況（『大湯環状列石周辺遺跡発掘調査報告(2)』による）

③ 土坑底の主軸から外れた隅に見られる場合（顔面への少量施朱）の3種に分類できる[17]。

　東北北部縄文土坑墓と貝塚人骨への施朱は①遺骸顔面部・②頭胸部・③遺骸各部の3者と捉えられる。ベンガラの散布量は必要最低限で，大量消費は行われていない。

　北海道における北方系施朱の風習は続縄文後半期に入ると急速に衰える。遺骸埋葬に当たって続縄文時代前半期のように多量のベンガラを散布することがなくなり，土坑墓への施朱事例も少なく，ベンガラ需要も急減した。このことは，死に対して続縄文人に意識変化が起こり，遺骸埋納にベンガラを必要とする儀礼が衰退したことを意味しよう。北海道においては続縄文期半ばに施朱の風習は消えたと捉えられる。

　続縄文時代は本州の弥生・古墳時代に当たり，この意味で北海道の北方系

Ⅰ. 施朱とその時代

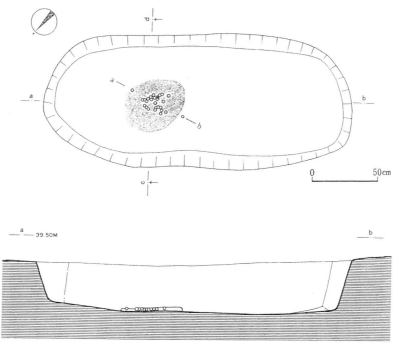

図13 東北地方最後の北方系施朱の風習
福島県楢原町天神原遺跡（ベンガラ層中から勾玉・管玉の出土）（馬目順一他『楢葉天神原弥生遺蹟の研究』による）

施朱の風習はほぼ弥生時代で終わることになり，北海道・東北北部との文化的交流の盛んであったことと大きく関わっているのではないかと推測される。なぜなら東北北部の北方系施朱の風習もまた縄文晩期以降に衰え，そして弥生時代中期以降には見られなくなった。それは東北北部における水稲農耕の開始や施朱の風習を持たない西方の弥生人が日本海を辿って北上し，東北北部に定住，新たな社会を構成し始めた結果ではないか。このことが津軽海峡を渡って北海道にもおよび，北方系施朱の風習は弥生時代中期，続縄文時代半ばに消滅していったものと推察している。そして岩手県水沢市常盤広町遺跡や福島県天神原遺跡の一部土坑墓（図13）で赤色料が頭胸部に当たる位置に検出された事例は東北地方最後の北方系施朱の風習と言えよう。

〔註〕
1) 畑弘明「まとめ」『湯の里遺跡群―津軽海峡線（北海道方）建設工事

埋蔵文化財発掘調査報告書―』1985　北海道埋蔵文化財センター
2) 小熊博史「新潟県荒沢遺跡出土の赤色顔料とその利用形態」『旧石器考古学』2003　旧石器文化談話会
3) 福井淳一「北海道における旧石器時代の顔料」『旧石器考古学』2003　旧石器文化談話会
4) ①河野弘道・他『東釧路　東釧路貝塚発掘調査報告書』1962　釧路市教育委員会
　　②金子浩昌・他「北海道釧路市東釧路遺跡調査概報」『日本考古学協会第 32 回総会研究発表要旨』1966　日本考古学協会
5) 木村英明・他『柏木 B 遺跡』恵庭市発掘調査報告書　1981　柏木 B 遺跡発掘調査会
6) 註 5 に同じ
7) ①北海道教育委員会『美沢川流域の遺跡群 I ―新千歳空港建設用地内埋蔵文化財発掘調査報告書―』1977　北海道文化財保護協会
　　②北海道教育委員会『美沢川流域の遺跡群Ⅲ―新千歳空港建設用地内埋蔵文化財発掘調査報告書―』1979　北海道文化財保護協会
8) 『カリンバ 3 遺跡（2）　北海道恵庭市詳細分布調査報告書』2003　恵庭市教育委員会
9) 宇田川洋・沢四郎「釧路緑ヶ岡遺跡の墓坑」（1963 年度）『河野弘道博士没後 20 年記念論文集』1984　河野弘道博士没後 20 周年記念論文集刊行会
10) 石橋隆夫『紅葉山 33 号遺跡―紅葉山砂丘における続縄文時代前半期の墓地発掘の記録―』1984　北海道石狩町教育委員会
11) 黒坂雅人「山形県村山市西海淵遺跡」『日本考古学年報』43　1992　日本考古学協会
12) 市川金丸『泉山遺跡発掘調査報告書――一般県道櫛引上名久井三戸線道路改良工事埋蔵文化財発掘調査―』昭和 50 年度　1976　青森県埋蔵文化財調査報告書第 31 集　青森県教育委員会
13) 『特別史跡　大湯環状列石（I）鹿角市文化財調査資料』77　2005　鹿角市教育委員会
14) 秋元信夫・他『大湯環状列石周辺遺跡発掘調査報告書』鹿角市文化財調査資料 29　1986　秋田市鹿角市教育委員会
15) 「大日向Ⅱ遺跡」『岩手県文化振興事業団埋蔵文化財調査報告書』第 147 集　1990　事業団埋蔵文化財センター
16) ①小金井良精「日本石器時代の赤き人骨に就て」『人類学雑誌』35-11 〜 12　1934　人類学会
　　②松本彦七郎「陸前宮古島の古人骨発掘に就て」『歴史と地理』3-1　1933　史学地理学同攻

③松本彦七郎「宮古里浜介塚人骨の埋葬状態」『現代の科学』7-2 1933

17) 菅原俊行『秋田市上新城中学校遺跡　林道工事・小グランド造成に伴う緊急発掘調査報告書』1980　秋田市教育委員会

3. 西方系施朱の風習の展開

　福岡県遠賀郡芦屋町山鹿貝塚（図14）は縄文後期後半の営造で，人骨18体が出土し，いずれも下部貝層上黄色砂層に土坑が設けられるなどして埋葬されていた。表土からは約1mの深さで混貝土層下であった。施朱の行われていた人骨は，2号（成人女性），9号（成人女性）と幼児の合葬，7号（成人男性）の4体であった。施朱率は22％である。2号人骨は頭部付近の砂土に赤色着色，7号人骨は土坑に屈葬され，頭部付近の砂が赤く，頭に施朱されたかのようであった。9号人骨は周辺が赤く着色していた[1]。山貝塚人骨への施朱には水銀朱（渡来辰砂粉末）が用いられていたと理解してよいと思っている。

　山鹿貝塚人における施朱の風習は北方系施朱の風習のように土坑底にベンガラの散布敷き状況ではなく，遺骸の頭胸部上に朱丹粉を散布したか，あるいは朱丹粉を置いたところへ頭を安置したかのいずれかと思われた。山鹿貝塚人の施朱は北方系施朱の風習の状況とは異なっており，関東・関西・中国を飛び越えての北方系施朱の風習の影響による出現とは認められず，水稲耕作などの大陸文化などと共に大陸から招来され，西日本地域に流行した風習と判断される。この風習を『西方系施朱の風習』（図15）と呼び，北方系とは区別してきた。西方系施朱の風習は九州縄文時代後・晩期に始まり，弥生時代早前期に継承され，瀬戸内から近畿に広がった。古墳時代には九州・四国全域から本州にまで拡大し，東北地方では北方系施朱の風習を凌駕していった。

　このように福岡県遠賀川河口に位置する山鹿貝塚で初めて捉えられた西方系施朱の風習は九州北部地域にいち早く流行した。糸島半島の福岡県志摩町新町遺跡の支石墓は夜臼式土器を伴い，19号と24号の支石墓土坑（木棺）の頭蓋骨とその周辺には水銀朱が検出されており，19号人骨は「頭部周辺には赤色顔料」，24号人骨は「頭部には赤色顔料を塗布」と報告されている[2]。

4 施朱の風習

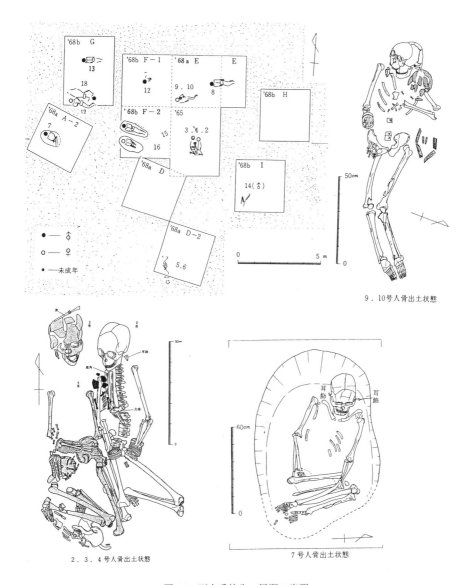

図14 西方系施朱の風習の出現
福岡県芦屋町山鹿貝塚出土の人骨群と朱付着人骨（2号人骨頭部付近赤色土，7号男性人骨頭部に朱，9・10号人骨周囲赤色土）（『山鹿貝塚』掲載図の改変転載）

Ⅰ. 施朱とその時代

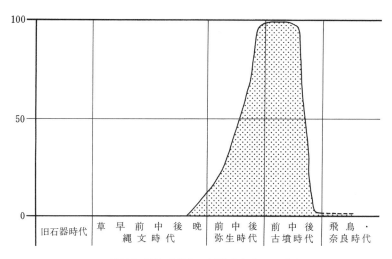

図15　西方系施朱の風習盛衰イメージ図

　新町遺跡出土人骨の「赤色顔料」は水銀朱と呼び換えられ，「塗布」は散布と理解してよいものと思われる。
　施朱時期が新町遺跡より遡ると言われる縄文晩期・弥生早期（夜臼式期）の福岡県前原町宮ノ前遺跡墳墓群（図16）は，木棺墓・土坑墓・甕棺墓・支石墓など39基からなり，木棺墓16基のうち9基の顔面部に当たる位置から水銀朱が検出された。水銀朱は2号墓で径25cm，3号墓で径20cm，7号墓は他に比べて縦に長く，これらは遺骸頭胸部への施朱の結果と判断される[3]。山鹿貝塚・新田遺跡・宮ノ前遺跡とも頭胸部が強く意識された施朱法であった。
　初期の西方系施朱の風習は玄海灘沿岸から九州島内陸部へ拡大し，弥生前期末〜中期初めの所産と考えられている金海式甕棺墓（例えば福岡県吉武高木や吉武大石甕棺墓群）に施朱の風習が展開し始めた。これらに使用された朱銀朱は渡来辰砂であった。西方施朱の風習における施朱には出現期から辰砂粉末の利用で，北方系施朱の風習とは違っていた。これらについて朱丹の研究を進めてきた本田光子さんは次のように述べている[4]。
　　墳墓に認められる赤色顔料は，弥生時代初頭より朱である可能性
　があり，甕棺墓が盛行する間は先述のようにすべて朱である。とこ

4 施朱の風習

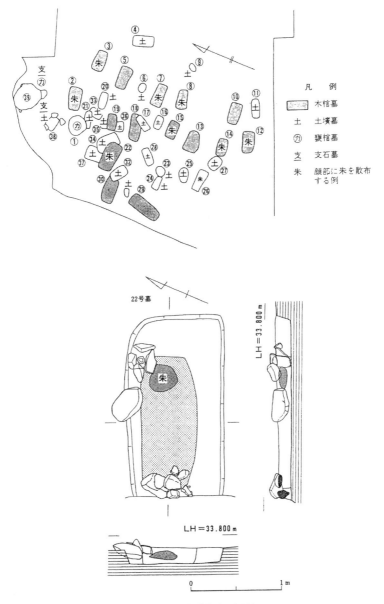

図 16　初期の西方系施朱の風習
　福岡県前原町宮ノ前遺跡の朱検出木棺墓群と朱検出状況（『長野川流域の遺跡群Ⅰ』掲載図の改変転載）

I. 施朱とその時代

ろが甕棺墓の衰退に伴い赤色顔料の主流は朱からベンガラに移る。箱式石棺墓や石蓋土壙墓など埋葬施設や遺骸全体にはベンガラを用い,朱は極めて微量が頭胸部のみに使われる。(略)この朱とベンガラの使い分けは,甕棺墓地域の外縁では中期後半以降に始まっている。(略)甕棺墓以降の墓制では多量のベンガラ,少量の朱という使い方が一般的となる。

九州における弥生墓で施朱の行われているものの割合は決して多くはない。福岡県宮ノ前遺跡で施朱率23%であり,福岡県伯玄社遺跡は170基の土坑・甕棺が発見されたが,施朱墓は数基に過ぎず[5],福岡県金隈遺跡は調査された甕棺145基,土坑27基,石棺2基の弥生墓の内施朱墓は甕棺の3基であった[6]。

故鏡山猛先生はその著「原始箱式石棺の姿相」(『史淵』第25号・第27号)のなかで,施朱された石棺について7遺跡6基以上を挙げておられる。7遺跡は前原町大塚1基,前原町前原1基,福岡市姫浜1基,飯塚市東菰田1基,八幡市高槻七条1基,福田村栗山1基,太刀洗村横隈多数である。さらに石蓋土坑の施朱は福岡県雑餉隈1基,福岡県幸袋町目尾3基,大分県西国東郡高岡1基を挙げられておられた。石棺及び石蓋土坑での朱丹検出は①頭胸部の場合,②床面全体の場合,③蓋石下面と四壁の場合の3者があり,②と③が一緒の場合が多く,①・②・③全体出土では頭胸部に水銀朱が施されていた。壁はベンガラ塗布,床または坑底にも頭胸部以外はベンガラである。西方系施朱の風習では北方系のように坑底にベンガラ散布敷き状態ではなく,遺骸上面に施朱されたものと思われる。

甕棺は墳丘墓に複数埋設される場合と平地に甕棺墓群を形成する場合とがあり,墳丘墓の甕棺には施朱されたものが多く,後者では施朱を見ない甕棺がほとんどである。前者の例として挙げられる佐賀県吉野ヶ里遺跡墳丘墓では甕棺総数15基で,1988年度調査8基のうち施朱甕棺は5基であった。1993年度調査の7基にも朱丹の塗布や棺内に朱丹の残存が見られた。中でも1012号甕棺内には多量の水銀朱が埋納されてあり,顕著な副葬品も出土した。被葬者は小国の王に相応しい水銀朱(渡来辰砂粉末)の量と多種類の副葬品であった[7]。

また,福岡県吉武大石遺跡では8基の甕棺に水銀朱(渡来辰砂粉末),吉

4 施朱の風習

　武樋渡跡前方後円墳下の墳丘墓に甕棺25基以上，木棺・箱式石棺各1基が埋設され，その内の4基の甕棺には施朱されていた。

　弥生時代合口甕棺は上甕と下甕に分かれ，外面黒塗りが数多く知られる一方，上・下甕の朱塗りも見られる。甕棺内面朱付着や残存朱は斜横位上・下甕の側壁つまり遺骸の背側に堆積し，遺骸の頭胸部上面に施朱されたことを知る。福岡県糸島高校蔵の2個の甕棺には3分の1まで水銀朱（渡来辰砂粉末）が詰まっており（1960年当時），それは両者とも単棺であったため，水銀朱（渡来辰砂粉末）が流下堆積したものであった。

　6面の漢式鏡が甕棺1基から出土したことで知られた福岡県飯塚市立岩遺跡では40基の甕棺が調査され，甕底に水銀朱（渡来辰砂粉末）の沈着があった甕棺は1・5・7・8・19の5基，人骨が出土し頭蓋骨部分に水銀朱の付着があったものは35・37・39・40の4基で，21号からは朱塊が出土した。甕棺の内外面全面ベンガラ塗りは6面の前漢鏡を出土した10号墳，甕棺の内面ベンガラ塗りは28号と38号の2基であった[8]。立岩遺跡の1963・1965年の調査で発掘された40基の甕棺の内，施朱甕棺は13基で全体の32％と言う高い割合を示した。

　佐賀県三津永田遺跡の甕棺では第101号，第104号に水銀朱（渡来辰砂粉末）が検出された。第101号の下甕に朱丹が付着し，104号は上下甕棺内面全体に朱丹痕鮮やかで，副葬品として流雲文縁五獣鏡1面と鉄製素環頭太刀が発見された[9]。

　甕棺に埋納された遺骸への施朱は水銀朱が全てであったことを本田光子さんは32例の資料分析から明らかにされた[4]。

　矢嶋澄策先生は松田寿男先生の収集された甕棺出土朱丹の定量分析によって

　　大分県日田市神来町出土甕棺内の頭蓋骨付着　　水銀含有3.56％
　　佐賀県神崎町志波屋出土甕棺内の頭蓋骨付着　　水銀含有0.35％
　　大分県日田市神来町出土甕棺　　　　　　　　　水銀含有3.23％

と言う結果が得られている[10]。従って試料の全てを水銀朱と判断することは難しく，水銀朱混在のベンガラと理解すべきかと思われる。

　九州弥生墓における施朱は①顔面部，②遺骸全体，③棺・坑壁へのベンガラ塗りに分けられ，③の場合は前述のように頭胸部に朱銀朱（渡来辰砂粉末），

下半身にベンガラであり、①と②は西方系施朱の風習の初現から認められるものである。この種の施朱の方法は弥生中期後半から瀬戸内沿岸から畿内地方に拡大し、後期には西日本全域を席巻した。

〔註〕
1) 九州大学解剖学教室『山鹿貝塚―福岡県遠賀郡芦屋町山鹿貝塚調査―』1972　山鹿貝塚調査団
2) 橋口達也・他『新町遺跡―福岡県糸島郡志摩町所在支石墓群の調査―』志摩町文化財調査報告書6　1987　志摩町教育委員会
3) 岡部裕俊・他『長野川流域の遺跡群―福岡県糸島郡前原町大字長野字宮ノ前所在遺跡の調査報告』前原町文化財調査報告書第31集　1989　前原町教育委員会
4) 本田光子「弥生時代の墳墓出土赤色顔料―北部九州地方に見られる使用と変遷」『九州考古学』62　1988　九州考古学会
5) 永井・渡邊・松岡・柳田「福岡県伯玄社遺跡調査概報」『福岡県文化財調査報告書』第36集　1968　福岡県教育委員会
6) 森貞次郎「埋葬―集団・共同墓地と厚葬の意識化―」『新版考古学講座』4　1967　雄山閣出版
7) 『吉野ヶ里遺跡』佐賀県文化財報告書第132集　1997　佐賀県教育委員会
8) 岡崎敬・他『立岩遺跡』1977　河出書房新社
9) 金関丈夫・坪井清足・金関恕「佐賀県三津永田遺跡」『日本農耕文化の生成』1961　東京道
10) 松田寿男「水銀朱砂」『新版　考古学講座』9　1971　雄山閣出版

4. 施朱の風習の盛期 ― 3世紀～5世紀

　瀬戸内海沿岸で初めて現れる施朱の風習は、弥生中期後半と思われる。ただ、縄文晩期・弥生前期に所属すると思われる滋賀県上出A遺跡木棺墓群の木棺墓6最下土層（床面直上）一部に水銀朱混在、木棺墓8にも赤色顔料が確認され[1]、これらの状況は施朱の風習と判断され、北九州に渡来した施朱の風習はかなり早い速度で東海に達したと思われる。縄文晩期・弥生前期の施朱の風習は瀬戸内地方には確認できず、今後の事例発見に期待したい。
　兵庫県田能遺跡では後期の第16号墓、第17号墓の人骨上半身に水銀朱（天然辰砂）が施されていたが、中期中頃の第10号壺と中期後半の第9号壺棺

4 施朱の風習

の棺底には「丹（ベンガラ）」の沈殿が認められた[2]。また，京都府中郡大宮町の帯城墳墓群第9号墳第1主体部と第10号墓主体部の頭胸部には「赤色顔料（ベンガラか？）」が検出され，」両墳墓とも帯城墳墓群における第1期の弥生中期営造と捉えられている[3]。大阪府豊中市勝部遺跡第2墓域9基の木棺群の中央に位置した第6号木棺墓では，遺骸上半身の各部位に水銀朱（天然辰砂）が検出された。第6号墓は土坑の切り合いや層序の状況から弥生中期に比定されている[4]。また，大阪市加美遺跡の弥生中期墳丘墓の大型木棺内人骨頭胸部に「赤色顔料」（おそらく水銀朱）が検出された[5]。

　瀬戸内海沿岸で開始された施朱の風習は九州に盛行した施朱の実態分析によって，九州北部に始まった西方系施朱の風習が伝播してきたものと理解できる。それは人の移動と共に伝来したものか，あるいは風習のみが波及してきたものか，その区別の解明は至難の技といえよう。しかし，弥生中期後半の埋葬弥生人頭胸部の施朱には渡来辰砂粉末が利用されたように考えられるので，渡来辰砂を保有し，遺骸への施朱を風習としていた弥生人が瀬戸内沿岸でも開始したと認められる。北部九州から瀬戸内沿岸の畿内地域へ一挙に波及してきたものであろうと想像している。

　弥生時代後期における施朱の風習は急展開を見せている。遺骸に施される水銀朱（渡来辰砂粉末）の量もさることながら，弥生墳丘墓では施朱の割合が増大した。岡山県倉敷市の楯築弥生墳丘墓（口絵1）の場合は木槨内一杯に水銀朱（天然辰砂）が詰められ，総重量は32～33kgであった[6]。楯築弥生墳丘墓と同時期と言われる島根県出雲市西谷四隅突出型墳丘墓出土の水銀朱（天然辰砂）は10kgを超えるものであった。

　弥生後期初頭～後葉に営まれた京都府中郡大宮町の左坂墳墓群は136基の木棺墓・土坑墓からなり，施朱された土坑墓34基で施朱率25％であった。この墳墓群に隣接する三坂神社墳墓群も後期初頭～後葉の造墓で，39基の木棺墓・土器棺墓で構成され，最古の3号墓第10主体からは豊富な副葬品と共に1kgの水銀朱（天然辰砂）が出土し，棺の裏込め上面からも水銀朱が検出された[7]。

　このように瀬戸内海沿岸地域の墳丘墓施朱に利用された色料は，水銀朱（天然辰砂）とベンガラであった。高津尾遺跡の場合，頭胸部には水銀朱で，他の部分にはベンガラ，あるいは遺骸全体と棺・坑内面全体ベンガラと言う施

I. 施朱とその時代

朱法である。左坂墳墓群及び三坂神社墳墓群でも施朱法は変わらないが、水銀朱（天然辰砂・日本産の可能性大）が主体的に使われ、ベンガラ施朱の木棺・土坑は3基に留まった[8]。

施朱に利用された色料は水銀朱（天然辰砂粉末）とベンガラであった。高津尾遺跡の場合、頭胸部に水銀朱、下半身にベンガラであったが、時には遺骸全体・棺土坑ともベンガラのこともあり、左坂墳墓群・三坂神社墳墓群などは水銀朱が主体的役割を有し、これらのことから瀬戸内海沿岸の弥生時代後期の施朱では水銀朱（天然辰砂）が重要な扱いを受け、九州弥生時代と変わらない状況であったと言えよう。

施朱の風習は中国・近畿地方の西日本弥生時代墓制の主な要素に加わり、とりわけ弥生時代終末から古墳時代初頭の墳丘墓や古墳被葬者では水銀朱による100％の施朱率を示した。

古墳時代に入ると、遺骸全体・頭胸部・頭部への施朱は勿論、埋葬施設である石棺・木棺・石室の内壁面へのベンガラ塗りが行われ、色料が時には水銀朱のこともあり、木棺設置が行われる粘土床造成途上でも施朱が行われる。竪穴石室構築の途上でも石材の一端をベンガラ液に浸潤させて積み、天井石を被覆する粘土にも施朱するなど弥生時代には見られなかった施朱法が取られた。

施朱を受けた弥生時代～古墳時代初めの代表的墳墓に、福岡県平原遺跡方形周溝墓・祇園山古墳・一貴山銚子塚古墳、岡山県の夫婦岩弥生墳丘墓・矢藤治弥生墳丘墓・都月坂1号墳・七つ汎古墳群、島根県松本1号墳・神原古墳などを挙げることができ、これらの埋葬施設に葬られた遺骸への施朱は水銀朱（天然辰砂）であった。

大和水銀鉱床群の大和水銀鉱山に隣接する奈良県大沢1号墳では水銀朱（辰砂）が木棺内全体に広がって検出され[9]奈良県内の西殿塚古墳・中山大塚古墳・黒田古墳・下池山古墳・桜井茶臼山古墳・大和天神山古墳・大塚新山古墳など数多くの畿内前期古墳への被葬者に対し、水銀朱（天然辰砂）が施された。

関東地方においても最古の古墳と言われる千葉県市原市神門4号墳・3号墳や木更津市高部32号墳・30号墳でも頭胸部の位置にわずかに朱丹が検出された。神門4号墳の朱丹は水銀朱を含むものであったが、他の墳墓検出の

4 施朱の風習

朱丹が水銀朱かベンガラかの判別は不明である。神門古墳群・高部古墳群は東京湾を望む台地に営まれたもので、その伴出土器形式からすれば墳丘墓という認識も可能であろうが、西方系施朱の風習の影響を受けた東日本の古墳は全て古墳と認識している。千葉県ではこれらに続く古墳の手古塚古墳・能満寺古墳・新皇塚古墳などにはいずれも水銀朱（天然辰砂）が施されている。

東北地方の初期古墳と認められている福島県会津大塚山古墳や宮城県遠見塚古墳も施朱されており、これらの朱丹も水銀朱と理解される。

瀬戸内沿岸・畿内で古墳成立と共に墓制に組み入れられた西方系施朱の風習は、ほとんど封土を持たない東日本の方形周溝墓には見られない。西方系施朱の風習は墳丘築造の風と共に東日本へ波及してきたもので、北方系施朱の残存とは認められない。

以上によって西方系施朱の風習は大和政権を通して全国展開を見たと理解できよう。古墳文化は少なくとも3世期半ばには成立し、関東地方ではその頃に施朱の風習の出現を見た。古墳被葬者は東日本弥生時代の木棺・土坑墓や方形周溝墓の被葬者とは異なり、大和政権と何らかの関わりを持った特定の者であり、したがって施朱の風習も集落構成員間に通有なものではなく、首長層に継承された殯葬儀礼の一つとして捉えられる。

施朱の風習は中期古墳に受け継がれ、九州全域から東北北部にまで及び、中期古墳での朱丹は水銀朱が主な色料ではあるものの、ベンガラの多用も目立ち、中期後半から後期初頭にかけては頭胸部へのベンガラ施朱も行われるようになる。このことは大和政権と関わりを持った首長層における施朱の儀礼が集落有力構成員にまで広がったことを意味しよう。

施朱の風習盛期の施朱法に2通りの方法があった。第1の施朱法は被葬者の顔面や頭胸部、あるいは全身への朱丹粉散布。例外的に朱塊、水銀朱（天然辰砂）の副葬などを含んでいる。

第2の施朱法は竪穴石室構築用土坑の側壁、石室構築用石材への朱丹液浸潤、木棺内外への朱丹塗り、石室天井石表裏への朱丹塗り、粘土床への朱丹塗りである。

第1の施朱法は北方系・西方系の別なく施朱の風習に見られる基本形である。首長の遺骸は割竹形木棺に納められ、頭部（実際は顔面）に朱壺から辰砂粉が取り出して振り掛けられる。被葬者の頭胸部は真っ赤になった。被葬

I. 施朱とその時代

者によっては施朱に際し特別の石杵・石臼をもって水銀朱（辰砂粉製造）の儀礼的微調整が行われ，それが散布されることもあった。さらに被葬者の全身に施朱される時は，福岡県一貴山銚子塚古墳被葬者で初めて捉えられたように，頭胸部に辰砂粉，頭胸部以外の下半身にはベンガラが振り掛けられた。また，辰砂粉が大量に被葬者全身に振り掛けられ，遺骸が朱粉に埋没することもあった。この葬法は「朱詰め」と呼ばれたこともあった。

大量に水銀朱（天然辰砂粉）が石室・木棺から出土した古墳はいくつも知られている。辰砂が最も多く使われた古墳に桜井茶臼山古墳が挙げられる。2009年度に橿原考古学研究所によって行われた竪穴式石室の再調査で，石室全面に塗られた辰砂の重量は200kgと推定され，現在知られるあらゆる古墳出土水銀朱（天然辰砂粉）の重量を凌駕したものであった。1949年度調査では「石室を構成する大小石材のすべてを全面的に多量の朱彩があって，壁面として露われない部分にまで塗抹され，」さらに「天井石の全面には朱が塗附されている」[10]と記録されている。これほどふんだんに辰砂が使われている状況から推して，被葬者は「朱詰め」状態であり，木棺も内外辰砂で真っ赤であったと思われる。

桜井茶臼山古墳の1949年調査段階でも木棺に納められた水銀朱（辰砂粉）は消滅しており，それは江戸時代にオランダから輸入された水銀で製造する水銀朱が枯渇し，江戸時代後期に古墳副葬品よりも水銀朱が高く売買できたことが影響し，地域住民による水銀朱盗掘が行われた結果と思われ，木棺に埋納された辰砂量は200kgを超えていたのではなかろうか。

古墳石室などに安置された木棺に埋納された水銀朱（天然辰砂粉末）が多い古墳に大和天神山古墳の41kgを始め，京都府椿井大塚山古墳の10kg，岡山県朱千駄古墳の蓆数枚分（10〜20kgか），静岡県連城寺経塚古墳の11kg，京都府百々池古墳の1箱，会津大塚山古墳4kgなどを挙げることができる。

第2の施朱法について，竪穴式石室を通して検証してみるとその構築途上で数回に及ぶベンガラ塗布を知ることができる。大阪府茨木市将軍山古墳では墓壙壁面や石材搬入路に塗布され，このことによって墳丘表面にわずかに現れた朱線の，小野山節氏による発見が契機になったと言われる。土坑底ベンガラ塗布確認古墳に，京都府元稲荷古墳や大阪府玉手山6号墳などが知られる。この種の古墳では土坑底中央に割竹形木棺を安置する棺基台を造りだ

しており，元稲荷古墳の場合は基台に粘土被覆して上面に2回目のベンガラ塗りを実施している。さらにその上に礫石・板石を敷き並べて粘土で被覆し，3回目のベンガラ塗りが行われている。棺基台が完成すると，次にこの上に割竹形木棺を載せる粘土床を造る。

滋賀県安土瓢簞山古墳，京都府椿井大塚山古墳，京都府長法寺南原古墳，長野県森将軍塚古墳などの粘土床の粘土層中に挟まる薄い朱丹層は，元稲荷古墳の2回目，または3回目と同種の施朱の結果と思われる。

竪穴式石室基台上に粘土床が造られると，その上面にベンガラ液が塗布されて完成となる。元稲荷古墳では4回目の施朱と言えるが，この時は粘土床全体に施される。

一方，棺基台造りと同時進行で竪穴式石室壁の基礎造りも進められる。元稲荷古墳や椿井大塚山古墳では基台の周囲に置かれた砂利上面に施朱，さらに粘土被覆して粘土層を造り，この上にも施朱（土坑底に第1回施朱，砂利上面に第2回施朱とすると，第3回目に当たる），そしてこの上に礫を並べて石室壁の基礎とする。石室壁面を構成する割り石は，平滑な長方形の小口部分がベンガラ液に浸潤されて積み重ねられて行く。したがってベンガラは壁表面だけではなく，割り石の5～6cm奥まで赤い。この種の壁は元稲荷古墳竪穴式石室を始め，大阪府池田茶臼山古墳・茨木将軍山古墳，京都府平尾城山古墳，奈良県黒塚古墳，滋賀県雪野山古墳，長野県森将軍塚古墳など初期の石室に見られ，桜井茶臼山古墳では割り石全体が水銀朱（辰砂）液漬けで，水銀朱塗り割り石の積み重ねであった。

前期後半から中期の奈良県メスリ山古墳や静岡県三池平古墳になると，割り石ベンガラ液浸潤から石室壁ベンガラ塗布に代る。

竪穴式石室は割り石を持ち送りさせながら積み上げ，最終的には断面合掌形を呈する。そのため，割竹形木棺は壁造り途中で安置されることもあり，元稲荷古墳や桜井茶臼山古墳などはこの事例として挙げられよう。壁ができ上がると，天井石を構架し，この下面にもベンガラ塗りが行われる。石室内部のみの塗布であるから，工人は石室に入って天井に向かって塗布するか，またはあらかじめ石室幅に合わせてベンガラを塗布しておき，ベンガラ塗布面と室幅を合わせながら横架するかの両方法が考えられる。天井石下面の塗布範囲はかなりきちんと石室幅に合わせられているので，前者の方法がとら

I. 施朱とその時代

れたのではないかと思われる。桜井茶臼山古墳の天井石は表裏とも全て水銀朱塗りなので，石室幅を考慮に入れての塗布は不要であった。

　天井石を横架し，この上面にもベンガラ塗りが行われる。池田茶臼山古墳や茨木将軍山古墳などでは天井石を被覆する粘土上面にも施朱された。この施朱によって第2施朱法は完了する。

　第1・第2施朱法は言うまでもなく被葬者を対象としたものであり，施朱の風習は直接・間接に鮮やかな朱丹で遺骸を包むと言う形式をとっている。これは古墳時代人に限らず，縄文・弥生人，さらには世界の古代人にも共通で，死と朱丹は形而上では相対する関係にある。死の静に対して朱丹は動であり，朱丹によって死者の蘇生が求められた。それがかなわなければ，死者の霊魂の鎮めに作用する。古墳における朱丹は鎮魂を意味したことは言うまでもない[11]。

〔註〕
1) 北原治・内田保之・堀真人『上出A遺跡　蒲生郡安土町中屋』2001　滋賀県教育委員会
2) 村川行弘・他『田能遺跡概報』1967　兵庫県社会文化協会
3) 岡田晃治「国営農地開発事業関係遺跡　昭和61年度発掘調査概報」『埋蔵文化財発掘調査概報』1987　京都府教育委員会
4) 荻田昭次・島田義明・他『勝部遺跡』1972　豊中市教育委員会
5) 永島暉臣慎・田中清美「大阪市加美遺跡の弥生時代中期墳丘墓」『月刊文化財』266号　1985　第一法規
6) 近藤義郎『楯築弥生墳丘墓の研究』1992.12　楯築刊行会
7) 肥後弘幸・今田昇一「京都府中郡大宮町左坂墳墓群」『日本考古学年報』46（1993年度版）1995　日本考古学協会
8) 大久保徹・他「讃岐地方における朱関連試料」『考古学ジャーナル』No.394　1995.10　ニューサイエンス社
9) 亀田博・他『見田・大沢古墳群』奈良県史跡名勝天然記念物調査報告書第44冊　1982　奈良県教育委員会
10) 中村春寿・上田宏範『桜井茶臼山古墳　附櫛山古墳』1961.3　奈良県教育委員会
11) 市毛勲「古墳時代の施朱の風習について」『古代』38号　1962.7　早稲田大学考古学会

5. 朱壺 ― 朱丹の貢納と分配と儀礼製粉

　朱壺とは辰砂の粉末またはベンガラ入れの，主として墳墓出土の壺形土器を指し，縄文土器や弥生土器の内面に朱丹が付着し，あるいは朱丹が入っていた容器であることが明瞭なものでも，朱壺とは称さない。朱壺は壺形・甕形・瓱などの土師器・須恵器で，土師壺・甕に多い。すでに明らかなように，辰砂鉱山や辰砂精製遺跡では朱丹入れ土器が発見されない。集落では時折ベンガラの入った土器が発見される。

　朱壺は精製された辰砂またはベンガラを保存し，運搬にも使われたと推定する。運搬という面からのみ捉えれば，革袋や布袋の方が適していようが，精製された辰砂微粉では，袋の合わせ目・布目などから漏れてしまうこともあろうから，持ち運びに不便でも，また搬入されたそのままでも保存容器に転用できる土器が運搬に供されたと考えられる。

　ベンガラ入れ壺の場合は，ベンガラの運搬は赤鉄鉱などの原料のままであったと思われるから，壺は保存用と石室壁・土器・埴輪の塗布作業用色料入れに利用されたと思われ，従って，小壺が多い。千葉県東寺山稲毛台遺跡第24住居跡出土壺は高さ4.2cm，千葉県若郷遺跡出土の壺は高さ5.8cmなどで，長野県森将軍塚古墳前方部東側出土の壺は有段口縁で，高さ20.5cmの大形である。入っていた朱丹はいずれの壺もベンガラであったが，森将軍塚古墳出土土器の器形は水銀朱入れ壺に多い。

　ベンガラ入れ壺は在地土器が使われている。辰砂粉の場合は千葉県手古塚古墳例（図17）が示しているように，搬入土器が使われることもある。古墳時代辰砂は大和水銀鉱床群や阿波水銀鉱床群産出と考えられ，大和政権を介して各首長に分配されたものと理解している。

　朱壺を出土した墳墓は①広島県黒埼山古墳，②岡山県四ツ塚1号墳，③島根県神原神社古墳，④島根県長曾土壙群第19土壙墓，⑤鳥取県長者原古墳，⑥大阪府アリ山古墳（図17），⑦兵庫県娯三堂古墳（図17），⑧京都府仏山2号墳，⑨滋賀県雪野山古墳，⑩静岡県堀ノ内古墳，⑪静岡県若王子1号墳，⑫岐阜県象鼻山1号墳，⑬千葉県手古塚古墳，⑭群馬県後閑天神山古墳。

　朱壺埋納古墳は管見に触れた事例はわずかに14例と少ないが，分布は中国地方から関東地方の広い範囲に亘っており，埋納状況は多様で，その有する機能に種々異なったものがあることに気づく。辰砂鉱山遺跡と製粉遺跡と

Ⅰ. 施朱とその時代

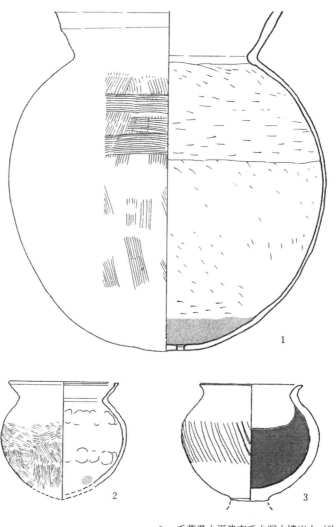

1：千葉県木更津市手古塚古墳出土（約1/2）
2：兵庫県池田市娯三堂古墳出土（約1/2・5）

図17　朱壺
（1は杉山晋作実測・提供，2は北野耕平『河内における古墳の調査』，
3は森・大野「娯三堂古墳の遺物」『古代学研究』72号による）

の間では，運搬用朱壷とも言えようが，辰砂貢納集団では貢納用朱壷との用途が想定できる。そして，辰砂管掌の首長から地方豪族への辰砂分配用の朱壷，また殯葬儀礼の一つとしての施朱儀礼用朱壷，あるいは貯蔵用朱壷など古墳出土壷・甕・坩には数種の機能を捉えることができる。古墳出土の朱壷の機能は次の5分類が可能である。

① 運搬（分配）用朱壷

　千葉県手古塚古墳や兵庫県娯三堂古墳出土朱壷が代表例で，大和政権から地方豪族に辰砂が分配されるに当たり利用された土器と判断される。運搬用土器が施朱儀礼にも利用され，遺骸に副葬されたものである。静岡県若王子1号墳出土坩は辰砂運搬用のみに利用され，供献土器になったものと思われる。

② 施朱儀礼用朱壷

　施朱儀礼には搬入土器ばかりではなく，在地産の主として有段口縁の壷形土器が使われた。千葉県手古塚古墳では辰砂を搬入してきた土器が使われた。運搬用の朱壷や櫃などで運び込まれた辰砂は，有段口縁土器に入れ替えられて殯葬における施朱儀礼に利用された。島根県神原古墳（図18）・滋賀県雪野山古墳・群馬県後閑天神山古墳・岐阜県象鼻山古墳などで出土した土器はこの種の朱壷に当たる。島根県神原古墳では出土土器5個のうち3個までが朱壷であり，その内の最小小形壷には残量の辰砂が入っていた。神原古墳出土土器は，施朱儀礼，朱壷供献，辰砂副葬の3種の性格を有している。

③ 辰砂副葬用朱壷

　辰砂が目一杯入ったまま出土した事例としては，大阪府アリ山古墳出土小形壷（台付き）を挙げることができる。島根県神原古墳出土小形壷は割れて中の辰砂が流出してしまい，入っていた時の状況は不明であるが，目一杯近く入っていたものと推察される。辰砂は本来施朱儀礼に供されるもので，副葬品としての辰砂は利用後の残量と思われる。

④ 塗布色料用入朱壷

　古墳築造やそれに伴う工事で辰砂が溶液塗料として使われる古墳は例外というべきと思う。奈良県桜井茶臼山古墳は石室壁面に200kg以上もの辰砂が，そして大阪府将軍山古墳では石室築造用の土坑壁に朱丹（恐らく辰砂）が塗られており，朱壷が利用されたと推定できるが，それらしい土器は出土して

Ⅰ. 施朱とその時代

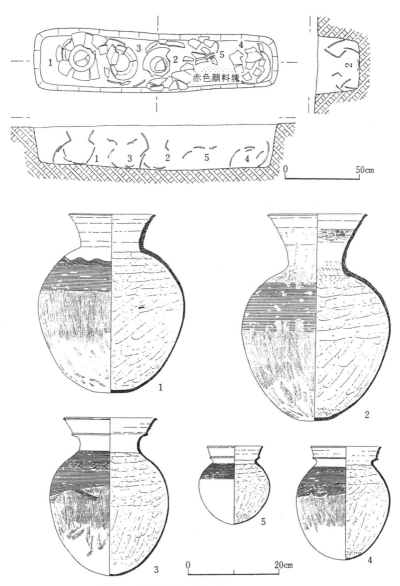

図18 島根県加茂町神原古墳朱壺埋納坑と朱壺
(前島巳基「島根県神原古墳出土の土器」掲載図の改変転載)

いない。

　石室・石棺壁面塗りや石材朱液浸け用の顔料はほとんどベンガラであり，施朱儀礼の行われなかった古墳への副葬朱壺はベンガラ入れと判断できる。岡山県四ツ塚1号墳出土須恵器坩，京都府仙山2号墳出土須恵器坩は，この種の朱壺であり，残量のベンガラを捨てずに石室に納めたものであった。前述のようにベンガラ入れ壺は集落遺跡出土が多く，副葬されることは稀である。長野県森将軍山古墳出土有段口縁壺には2分の1ほどのベンガラが入っており，石室壁はベンガラ水溶液浸け板石積みであったから，内容物はこれに使用した残量と思われる。

⑤ 貯蔵用朱壺

　壺・甕には本来貯蔵の機能が備わっている。坩・台付壺・小形壺の朱壺を除いては辰砂貯蔵に供されたものと考える。朱壺に入れられて運搬されてきた辰砂は，移し変えられることなく，運搬用朱壺に入れられたまま貯蔵に廻されることや，また搬入辰砂が在地有段口縁壺に移し変えられて保管されることもあったと思われる。千葉県手古塚古墳・島根県神原古墳出土朱壺は貯蔵用でもあった。

　朱壺の主たる機能は運搬にあることは言うまでもないが，辰砂鉱山遺跡では朱壺と認められる土器は発見されていない。徳島県若杉山鉱山遺跡土器には壺・甕・鉢・高坏が出土しており，中でも壺の破片が最も多い。壺には広口口縁と有段口縁があり，どちらの器形も朱壺に採用されている。三重県太田・臼ケ谷辰砂鉱山遺跡でも壺形土器は発見されており，朱壺に転用されるかも知れない。しかし，朱壺のように内部に辰砂の付着する壺形土器片は発見されていない。

　若杉山と太田・臼ケ谷両辰砂鉱山遺跡は集落を伴うものではなく，採掘工人は丹生氏の指導による採掘期間のみの滞在で，出土の壺・甕などの使用目的が生活必需品に限るとは思えないので，これらの中には朱壺破片も含まれているのではないかと思われる。

　鉱山遺跡における朱壺は粉末辰砂を満杯にして搬出され，精製集落で微粉化された後に丹生氏によって大和政権に貢納され，辰砂を入れた朱壺はそこで一時保管され，大王の死または死を迎え始めた時，辰砂は殯葬の場へ搬入され，施朱の儀に供された。中央豪族の場合，辰砂は大王から直接下賜され

Ⅰ. 施朱とその時代

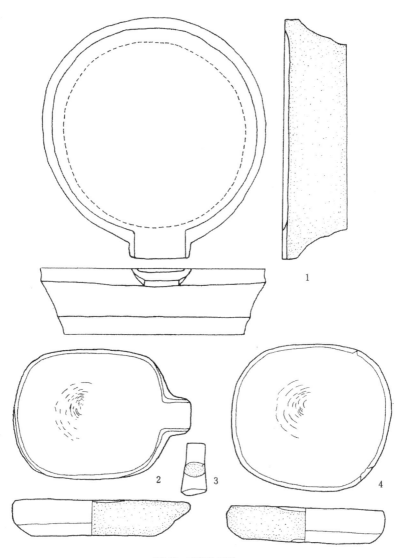

図19 石臼と石杵
1. 日葉酢媛命陵出土片口付き石臼, 2. 南原古墳出土片口付き石臼
3. 同　石杵, 4. 同　円形石臼

たものであろうし，その量は朱壺の個数で決まったのではなかろうか。地方豪族ではその支配地域の差はあれ，朱壺1個ではなかったか。

　古墳・方形周溝墓・墳丘墓などから辰砂粉磨り石杵・石臼(図19)が出土する。集落から出土することもあるが，多くは古墳副葬品である。石杵には乳房状・手杵状・自然石の3種類があり，石臼は円形状・片口付き円形状・平面自然石の3種で，磨り面に辰砂が付着して出土している。古墳副葬の石杵・石臼は朱壺の②施朱儀礼に伴うものと推定でき，殯葬の際の施朱に当たり朱壺内の朱丹を石臼に載せ，石杵・石臼をもって充分粉末になっている朱丹を磨って呪術力を高めたものではないかと思われる。この儀礼は集落でも行うことがあり，副葬されなかった石杵・石臼が集落から出土するものと思われる。

6. 施朱の風習の終焉

　施朱の風習は3世紀～5世紀に全盛期を迎え，沖縄・北海道を除く日本列島に全国展開を見せ，5世紀後半には辰砂製錬による水銀の利用が始まり，施朱の風習には新たな展開を見せることになる。とりわけ横穴式石室の採用は古墳における埋葬の在り方を基本から変質させる状況を展開させた。横穴式石室は九州北部地域にいち早く渡来し，5世紀後半～7世紀前半に全国各地に採用され，古墳時代を特色付ける墓制となった。

　初期の横穴式石室時代は施朱の風習の全盛最後期で，被葬者への施朱や横穴式石室全壁面が朱丹塗りされたものが多く，色料は竪穴式石室と同様ベンガラであった。横穴式石室は復葬や追葬が可能で多人数埋葬が主たる造設目的ではあったが，初期には安置された遺骸・石棺それぞれに施朱・朱丹塗りされた。

　朱丹塗壁は竪穴式・石槨式・横穴式石室を含めて横口式石室，合掌式石室，竪穴系横口式石室，地下式横穴式墓，横穴墓などにも認められ，九州から本州・四国に広く分布している。東北地方には朱丹塗横穴式石室は認められないが，これは施朱の風習衰退または消滅後に横穴式石室の受容があったことによるのではなかろうか。東北横穴式石室の出現は北方系施朱の風習が消滅して久しい。

　無彩色壁の横穴式石室に納められた石棺への朱丹塗や石棺・木棺安置遺骸への施朱事例は多い。石室壁への朱丹塗りは実施されず，石棺朱丹（水銀朱）

I．施朱とその時代

塗りのみの代表例に奈良県藤ノ木古墳石棺が挙げられる。石棺は内外面とも真っ赤であり，蓋と身の接合部も朱丹塗りされてあった。この朱丹は石棺内に剥落した剥片の分析で水銀朱と判定されている。しかし，ベンガラ混入の可能性も完全否定はでき難い。木棺朱丹塗り事例では千葉県館山市大寺山洞穴で発見された丸木船のように朱丹塗り木棺への転用も知られており[1]，これらの施朱の風習では遺骸に直接施朱されず，石棺・木棺朱丹塗りとは別個の在り方を示している。無彩色横穴式石室における石棺朱丹塗りや遺骸への施朱は最後の施朱の風習として理解される。

朱丹塗り横穴式石室は九州から関東地方にかけて分布し，その事例は100を超えると推定できる。朱丹塗りの行われた横穴式石室は当該地域における最古の石室であり，例えば栃木県を例にとれば，6例のうちの5例が最古横穴式石室である。このことは愛知県・岐阜県・長野県などでも同様であり，朱丹塗り横穴式石室は5世紀に始まり，例外を除き6世紀半ばには終了すると判断できる。

横穴式石室の朱丹塗りは天井石も含めて奥壁石・側壁石など石室全体に施された場合や奥側壁のみの場合など若干の違いが見られる。側壁石の朱丹塗りは壁面あるいは壁石間の目地粘土表面にも認められることから，竪穴式石室石ベンガラ液浸潤法とは異なっている。つまり，横穴式石室壁の朱丹塗りは石室構築後に粘性の強い粘土水溶液にベンガラを溶かし，刷毛をもって行われたものと思われる。

このように横穴式石室における朱丹塗りは石室完成後に実行され，壁面にどのようなデザインにでも描くことができる。朱丹部屋から点の朱丹彩色壁までが想定できる。しかし，朱丹塗り壁には絵画は含められない。朱丹塗り壁と装飾古墳とは製作の意図が違っている。前者はあくまで施朱の風習の延長で捉えられる。

横穴式石室の朱丹塗りはその施された壁と大きさによって5種類に分類している。①と②は5世紀代，③・④・⑤は6世紀代の営造と思われる。

① 天井及び四周壁全体への朱丹塗り
② 天井石を除く四周壁全体の朱丹塗り
③ 四周壁いずれかの壁一面への全体朱丹塗り
④ 四周壁のそれぞれへの部分朱丹塗り

⑤ 四周壁いずれかの壁への部分朱丹塗り

　北部九州に特徴的な竪穴系横口式石室の場合は分類①に属し，西日本地域の横穴式石室もまた分類①が多く，分類②についても同様な判断ができる。このことによって5世紀の横穴式石室は「朱丹色部屋」が普通であったと言えよう。

　①②の横穴式石室に福岡県鋤崎古墳・丸隈山古墳，佐賀県横田下古墳などを挙げることができ，それらの石室内に設けられた石棺内面の朱丹塗り，さらに遺骸頭胸部への水銀朱と下半身へのベンガラ散布はその後の横穴式石室にもみられることで，畿内初現期の横穴式石室の大阪府塔塚古墳・藤ノ森古墳でも同様で，施朱の風習全盛期の在り方を示している。しかし，5世紀末頃には横穴式石室における朱丹散布・塗布に統一性を欠くものが見られ始める。福井県十善森古墳や岡山県四つ塚1号墳のように石室側壁へのベンガラ塗布が行われているのに石棺や遺骸への施朱が行われていない石室，群馬県前二子塚古墳や簗瀬二子塚古墳のように朱丹塗り壁にも拘わらず遺骸安置箇所に僅かな朱丹の検出あるいは皆無，また朱丹壁のない石室に納められた石棺に朱丹塗り，遺骸への施朱が見られるなどである。畿内の6世紀朱塗り壁横穴式石室は大阪府白雉古墳，九州では佐賀県関行丸古墳・島田塚古墳を最後に，その後の横穴式古墳には朱丹塗り壁は見られなくなる。

　全国各地の朱丹塗り壁横穴式石室は出現して間もなくに消え，しかし石棺朱丹塗りや遺骸施朱はその後も残った。横穴式石室における施朱の風習の不調和は6世紀中頃には解消され，朱丹塗りのない横穴式石室が盛んに造営されるようになり，施朱の風習は消滅したと評価できる。ただ，横穴墓，火葬骨壷には朱丹塗りや散布を見ることがあるので，残滓は認められる。

　衰退期施朱の風習は5世紀末〜6世紀前半という短い期間に見られたもので，この後は葬送儀礼の一部として施朱の風習が時折みられるに過ぎなくなった。

　6世紀を特色付ける墓制として横穴式石室の普及や復葬・追葬を挙げることができ，須恵器と鍍金遺物の複埋も特徴的である。そして石室・石棺・遺骸に施朱されないという前代とは違った姿も6世紀古墳の特色として捉えられる。奈良県藤ノ木古墳や大阪府大藪古墳の石棺内外の水銀朱塗りは装飾的意味が強かったということであり，最後の施朱の風習としては新旧が同時存

I. 施朱とその時代

在したと捉えられる。このことは全国各地でも発見されている。

4世紀古墳時代人は施朱の風習に40～200kgもの水銀原料の辰砂を惜しげもなく使っており、辰砂と水銀が一体の鉱物とは全く理解されていなかった。しかし、5世紀後半にはアマルガム鍍金法の普及によって辰砂を製錬すると水銀が得られることが理解され始めた。

5～6世紀に古墳被葬者の副葬品として鍍金製品が多種多量に出土する。鍍金は鍍金鏡・冠帽・耳飾・帯金具・佩・沓などの服飾品、鏡板・杏葉・雲珠・鐙などの馬具、太刀・甲冑などの武器武具などに見ることができる。当初の鍍金製品は大陸からの渡来品であったが、まもなく渡来した鍍金技術は全国各地に普及し、とりわけ金環と呼ばれる金銅製耳飾は古墳被葬者間には普通の装飾品であった。埼玉県所沢市東の上遺跡では竪穴住居址からも金環が出土し、また埼玉県志木市城山遺跡第26地点113号住居址からも出土し、このように東国集落構成員でさえ金環を耳につけられるほど普及したと言うことであろう。それを証明するかのように関東の人物埴輪は男女の別なく、また盛装の男女から農具着装の人物まで金環を着けており、6世紀後半代には仏像鋳造・鍍金も開始された。

水銀は水銀鉱床群で産出する辰砂製錬によって得られるが、時には辰砂とともに生の自然水銀が湧出することもあり、実際、大和水銀鉱床群の位置する丹生の大人家屋敷で生の水銀が採集されたという伝承を残している。

鍍金の最も簡単な方法はアマルガム鍍金法である。時には辰砂と共に産出する水銀や辰砂の製錬によって得た水銀に金を加える。金は大きな塊でも良いが、細かければ細かいほどアマルガム化が早い。水銀は常温でも金を溶かし、金アマルガムを作る。金アマルガムは水銀5に対して金1の割合で作られ、金は水銀液の中へ入れるので、余分な水銀、つまりアマルガム化しなかった水銀は除去する必要がある。和紙や鹿皮などで水銀を漉すと、金アマルガムが残る。この金アマルガムを鍍金しようとする青銅地金に塗りつけ、青銅表面にわずかなアマルガム化が起こり、金アマルガムと密着する。これに炭火などで加熱すると、水銀が蒸発して金の薄い膜ができる。これがアマルガム鍍金法で、5世紀の日本へもこの技術が渡来し普及した。

鮮やかな朱色の辰砂が鉄地青銅張りの地金を黄金色に変えた。黄金は不変と言うアマルガム技法を目の当たりにした古墳時代人にとって、朱の呪術・

4 施朱の風習

　朱への畏怖の念は少しずつ消え始め，やがてアマルガム鍍金の全国展開が辰砂需要を増大させ，ついに施朱の風習を途絶させてしまった。それは金環の大流行した6世紀半ばのことであった。アマルガム鍍金もまた，一種の呪術であったと言えよう。

　鍍金は辰砂→水銀→金アマルガム→黄金であった。朱丹と黄金の間には，銀色に輝く水銀と乳白色の金アマルガムが介在しており，朱丹色と黄金色とは直結しない。鍍金には最初に辰砂から水銀を取り出さねばならなかった。しかし，古代中国では鍍金には辰砂が不可欠の材料と広く信じられており，辰砂即鍍金という知識が日本へも渡来・流布したことは間違いないであろう。記録に従えば，日本での鍍金は鞍作鳥の鋳造仏像が最初と言うべきであろう。『日本書紀』には推古天皇13（605）年天皇の命によって鞍作鳥が造仏工となり，翌年丈六銅像は完成し，元興寺に安置されたとある。それには鍍金の記述を欠くが，高句麗の大興王から黄金30両の献上があったことや仏像体表の金色は仏の32相のなかでも特に重要であることからすれば，鞍作鳥の指導によってアマルガム鍍金が行われたものと推察される。鞍作鳥は鍍金技術を持った馬具製作集団の鞍部多須奈の子で，多須奈は鞍部村主司馬達等の子，漢系渡来人である。

　7世紀〜8世紀の仏像鍍金が盛んであった時代は辰砂即鍍金（黄金）という理解が平城京貴族の教養であった。この理解は東大寺遮舎那仏鋳造・鍍金の国家事業を契機に辰砂→水銀→金アマルガム→鍍金（黄金）の正しい理解へと進み，平安時代には「丹砂」・「朱砂」・「真朱」に代って「伊勢水銀」や「水銀（水金）」の用語が一般化した。

〔註〕
1) 麻生優・他「千葉県館山市大寺山洞穴遺跡」『日本考古学年報』48（1995年版）1997　日本考古学協会

II. 朱丹の諸問題

5 朱丹と水銀朱（辰砂粉）生産

1. 丹生地名・丹生神社の分布と水銀鉱床群

「丹生」とは辰砂が産出すると言う意味であり，鉄丹や赤鉄鉱の鉱脈が分布しているものではない。しかし，「丹」の意味は多様であり，まごころや誠実，さらには朱色も煉丹を意味することもある。そして「丹生」は神社・土地名さらには河川・渓谷・山岳・氏名に冠されており，沖縄・北海道を除く各地に分布している。沖縄は水銀鉱床群が分布していないこと，北海道は水銀鉱床群が分布していても日本語地名が近世・近代に付けられたことによろう。

『豊後風土記』丹生条の「昔時人，この山の沙を採りて朱沙に該てき。因りて丹生郷といふ」の記録が「丹生」すなわち辰砂の産出であることを如実に物語っている。辰砂は先にも記したように丹・丹砂・丹沙・朱などと表記され，丹生郷の意は「朱沙が生まれる郷」である。

早稲田大学東洋史所属の故松田寿男先生は近畿地方を旅行された際，丹生地名が多いことに留意され，丹生地名に基づいた古代水銀の研究に着手された。また，これより先にイトムカ水銀鉱山の発見者で工場長を務めておられた故矢嶋澄策先生も丹生地名に関心を持たれ，1946年5月に『日本水銀鉱業発達史』（野村鉱業株式会社）を上梓され，丹生地名に関して詳しく論じられた。そして松田寿男先生は丹生地名を纏められ，丹生に関する論考としての「丹生考」（『古代学』6-1　古代学協会）を1957年4月に発表された。私が「朱」に関心を持ち，初めて発表したのは1958年6月で「朱についての一考察」であった。

故矢嶋澄策先生が1946年に指摘された「丹生」地名は以下の16ヵ所である。

①福井県丹生郡大虫村丹生郷　（現在迄ノ處水銀ト主接の関係ヲ認メヌ）
②同　　同　　国見村大丹生　（　　同　　　　　　　　　　　）
③同　　三方郡東村丹生　　　（　　同　　　　　　　　　　　）
④岐阜県大野郡丹生川村　　　（　　同　　　　　　　　　　　）
⑤滋賀県伊香郡丹生村　　　　（　　同　　　　　　　　　　　）
⑥同　　坂田郡醒ケ井字上丹生（下丹生）（同　　　　　　　　　）
⑦三重県員辨郡丹生川村　　　（水銀鉱産地カ或ハ其ノ近傍地　）
⑧同　　多気郡丹生村　　　　（同　　　　　　　　　　　　　）

⑨同　　　同　　　五ケ谷村字丹生　（同　　　　　　　　　　　　）
⑩奈良県吉野郡丹生村丹生　　　　　（同　　　　　　　　　　　　）
⑪和歌山県有田郡生石村丹生　　　　（同　　　　　　　　　　　　）
⑫同　　　　　日高郡丹生村　　　　（水銀鉱産地カ又ハ其ノ近傍地）
⑬同　　　同　　　上川路村丹生ノ川（同　　　　　　　　　　　　）
⑭同　　　同　　　眞妻村丹生　　　（同　　　　　　　　　　　　）
⑮大分県北海郡丹生村丹生　　　　　（同　　　　　　　　　　　　）
⑯同　　　同　　　同　　丹川　　　（同　　　　　　　　　　　　）

　故松田寿男先生と故矢嶋澄策先生は当時すでに早稲田大学に所属され，お二人が知己をうるには丹生川上神社宮司の仲介があってのことであった。それは松田先生が「丹生考」を公表されてからであり，その際松田先生は丹生地名17ヵ所，『延喜式』掲載の丹生地名10ヵ所を把握されていた。これ以後お二人は共同研究者として丹生地名地域で松田先生が採取された土壌を矢嶋先生が成分分析を実施されるようになった。

　丹生地名地域採取の岩石・土壌の分析結果は以下の通りである[1]。

①出羽・北村山郡の丹生（現・小花沢市）　　　　　　Hg0.048％
②上野・甘楽郡の丹生（現・富岡市，上丹生・下丹生）Hg0.0056％
③上野・多野郡の丹生（現・鬼石町浄法寺）　　　　　Hg0.0073％
④越前・丹生郡（現・清水町竹生の場合）　　　　　　Hg0.0023％
⑤越前・丹生郡の丹生（現・武雄市丹生郷）　　　　　Hg0.0098％
⑥若狭・三方郡の丹生（現・美浜町）　　　　　　　　Hg0.0019％
⑦若狭・遠敷郡の丹生（現・小浜市太良荘）　　　　　Hg0.0032％
⑧近江・伊香郡の丹生（現・余吾村，上丹生・下丹生）Hg0.0015％
⑨近江・坂田郡の丹生（現・米原市，上丹生・下丹生）Hg0.0050％
⑩伊勢・多気郡の丹生（現・勢和町）　　　　　　　　丹生水銀鉱山あり
⑪大和・宇陀郡の入谷（現・兎田野町）　　　　　　　大和水銀鉱山あり
⑫大和・添上郡の丹生（現・奈良市丹生町）　　　　　Hg0.0025％
⑬大和・吉野郡の丹生（現・下市町）　　　　　　　　Hg0.0021％
⑭紀伊・伊都郡の入郷（現・九度山町）　　　　　　　Hg0.0081％
⑮紀伊・伊賀郡の上丹生谷（現・粉河町）　　　　　　Hg0.0087％
⑯紀伊・有田郡の丹生（現・金屋町）　　　　　　　　Hg0.0081％

Ⅱ. 朱丹の諸問題

⑰紀伊・日高郡の丹生（現・川辺町）　　　　　和佐水銀鉱山あり
⑱摂津・武庫郡の丹生山（現・神戸市兵庫区）　Hg0.005%
⑲但馬・城崎郡の丹生（現・香住町浦上）　　　Hg0.0032%
⑳備中・後月郡の丹生（現・井原市）　　　　　Hg0.0012%
㉑讃岐・大川郡の丹生（現・大内町町田）　　　Hg0.0030%
㉒阿波・那賀郡の丹生谷（現・鷲敷町仁宇, 小仁宇）　水井水銀鉱山あり
㉓豊後・北海部郡の丹生（現・大分市坂市町）　Hg0.0980%

　丹生地採取土壌の成分分析で水銀産地であることが明らかになり, それまで文字解明でしか辰砂産出を議論できなかったところに, 松田・矢嶋先生によって科学的に結論付けられた。

　松田寿男先生は異字を含まない丹生地名を全国に46ヵ所に見出し, それらを日本列島地図に落としてみると, 濃密に分布する地域として若狭湾沿岸, 吉野川・紀ノ川流域が指摘され, 次に伊勢と豊後に認められる。

　一方, 辰砂・水銀を産出する水銀鉱床群（Ⅲ. 資料編（1）・（2）・（3））は北海道に①環大雪山水銀鉱床群と②中央山地以西水銀鉱床群, 本州に③北海道から東北北部地方に連続した水銀鉱床群, 中央構造線に沿う④大和水銀鉱床群, 四国中央構造線に沿う⑤阿波水銀鉱床群, 九州に⑥西部水銀鉱床群と⑦南部水銀鉱床群があり, 日本列島には都合7つの水銀鉱床群が知られている[2]。

　丹生地名濃密分布地域の吉野川・紀ノ川流域と伊勢は大和水銀鉱床群に, 豊後は九州南部水銀鉱床群に当たる。ただ, 若狭湾岸の丹生地名濃密分布地域には水銀鉱床群が知られず, 土壌分析の結果から水銀鉱床の可能性が充分予測されながらも, 丹生地名と水銀鉱床群の整合しない不思議な地域と, 矢嶋澄策先生が私に直接話されていた。その後, 地元の故永江秀雄氏らによって辰砂採掘跡探査の努力が払われ[3], 確認された坑道内土壌の水銀含有率が高く, 矢嶋澄策先生は晩年辰砂採掘跡の可能性を指摘された[4]。

　水銀鉱床群は日本列島の限られた地域に分布し, 丹生地名の分布は水銀鉱床群・辰砂産出地と符合している。なかでも, 中央構造線に沿う伊勢・大和・紀伊・阿波・豊後の諸地域は「丹生」地名の分布が濃密で, 辰砂・水銀の産出が他地域より優れていた。これらの地域には辰砂・水銀に関する記録・伝承が数多く残されており, 辰砂・水銀を通して古代の実態が把握できる重要

5 朱丹と水銀朱（辰砂粉）生産

な地域である。

丹生地名の分布域には丹生神社が祭祀されていることが多い。『延喜式』神名帳に掲載される丹生神社（Ⅲ．資料編（3））は以下の通りである。

①大和国宇智郡丹生川神社
②大和国吉野郡丹生川上神社
③大和国宇陀郡丹生神社
④伊勢国飯高郡丹生神社
⑤同　　同　　丹生中神社
⑥同　　安濃郡小丹神社
⑦近江国伊香郡丹生神社二座
⑧若狭国遠敷郡丹生神社
⑨同　　三方郡丹生神社
⑩同　　敦賀郡丹生神社
⑪越後国古志郡小丹生神社
⑫但馬国美含郡丹生神社
⑬紀伊国伊都郡丹生都比女神社

松田寿男先生は13社の他に⑭若狭国遠敷郡若狭比古神社，⑮若狭国三方郡仁布神社，⑯佐渡国雑太郡越敷神社，⑰石見国安濃郡邇幣姫神社，⑱美作国苫東郡高野神社，⑲備後国奴可郡爾比都売神社などを加えられている。ただ，埼玉県内に丹生神社22社，和歌山県に丹生神社78社は辰砂産出を意味する「丹生」とは直接的関係がないとして除外された。

これらの丹生神社の祭神は水銀産出を司るニウヅヒメであり，水銀のミズガネから水の女神ミズハノメとして祭神に加えられた。宮司は今日もほとんど丹生氏が担当しており，和歌山県天野大社（丹生都比女神社）で丹生氏の系譜が切れた時には，神社庁に勤務していた早稲田実業学校・國學院大學卒の丹生君が迎えられ，現在宮司を務めている。

丹生神社の位置と丹生地名とは見事に一致し，いずれも辰砂産出に起因していることが理解できる。

〔註〕
1) 松田寿男『丹生の研究—歴史地理学から見た日本の水銀—』1970.11
　早稲田大学出版部

Ⅱ．朱丹の諸問題

2）矢嶋澄策「日本の水銀鉱床の分布について」1953　早稲田大学理工学部　早稲田大学鉱山学研究報告 3-55
3）永江秀雄「地名『遠敷・丹生』考」『北陸の民俗』第 2 号　1984　富山民俗の会・加賀民俗の会・福井民俗の会
4）矢嶋澄策「遠敷の旧坑」『日本鉱業史研究』NO19・20 合併号　1985　日本鉱業史研究会

2.「赤」地名と辰砂

　辰砂は赤色を呈し，丹生とは赤色岩石・土壌が採れる所と言われることもある。実際，赤地名に辰砂産出地があり，「丹」を「あか」と読ませることもある。「赤」と言う文字を冠する地名は全国各地に分布し，東京都内でも港区赤坂，北区赤羽，板橋区赤塚，世田谷区赤堤などの町名が知られている。「赤」1 文字の地名は数少ないが字名には用いられている。2 文字，3 文字になると，数限りなく抽出することができる。「赤」が他の文字と結んで新たな地名を構成する時はその地に絡む何かを意味している。ほとんどの事例が「赤」と何らかの関係があると判断できるし，氏族名など「赤」の伝承を残している所もある。実際，今日「赤」を冠する家族名は地名の数ほど多い。井・沼・池・川・谷などと「赤」の文字の結合には，「赤」と地形との間に深い関係があるのではないかと見られている[1]。大分県日田市天ケ瀬町赤岩には赤岩湯や赤岩川があり，赤岩バス停留所の切石面には赤色の鮮明な辰砂が露呈している。この地域では確認できる露呈辰砂は現在この一ヵ所のみではあるが，水銀鉱床群所在は地名「赤岩」の起源になったに違いない。かつて，辰砂の露呈は赤岩川流域に知られていたのではなかろうか。古代に辰砂露呈が発見されて採掘が開始されていれば，「丹生」地名が付くところであったろう。大分県内の「丹生」は大分市内にも知られており，そこは辰砂産出地であり，「丹生」地名起源伝承地でもある。

　北海道の「赤」地名は北海道へ進出の和人による開発に関わる筈であり，それは近世・近代のことではないかと思われる。地名付与は開発者名や出身地の地名を転用することが多く，また従来からのアイヌの人たちの呼ぶ地名を同じ意味の日本語に直すか，あるいはアイヌ語に同音の漢字を当てるかしていた。北海道の中央部赤平市の「赤」は北海道を代表する「赤」の地名と

言えよう。市内には「赤平」を冠する町名がいくつか知られ,街の中央には赤平川が流れる。「赤平」はアイヌ語のフカピラで,赤い岩を意味している。また,北海道西部を流れる赤井川の場合は,アイヌ語の赤い川の意のフレペツに由来すると言われる[2]。これらのアイヌ語で赤いと表現された地域は赤鉄鉱やベンガラとの関係があったのではないかと考えられる。

北海道に分布する「赤」地名は「赤石」・「赤岩」・「赤川」・「赤神」・「赤沼」などで,赤井川と言う村名もあり,いずれの地名も本州・四国・九州に分布しており,アイヌ語起源とは認め難い。「赤川」・「赤平」は北海道・東北に多く,和人の進出した中世・近世になっての命名の可能性が高い。

北海道に特有な「赤」地名の「赤平」は青森・秋田・岩手にも分布し,アイヌ語起源と認められている。宮城・福島には分布していないので,北海道・東北北部に特有な地名と言えよう。

「赤」文字のみの地名は全国で3ヵ所知られ,その内の1ヵ所は福島県いわき市郊外に位置している。その周辺には桜町,宮下,下ノ内,平中山などの地名が分布し,なぜ「赤」の地名が付されたのかを知る手懸りは見られない。「赤倉」は川・沢・山・丘が付いて3文字まで含めると,東北にもっとも多く,次いで関東,中部地方が続く。

「赤井」・「赤岩」・「赤石」は東北全域にも認められる。東北では「赤沢」が広く分布するという特徴を持っている。宮崎県大崎市では狭い地域に「赤沢」・「赤湯」・「赤這」の3種が集中している。

「赤岩」地名は辰砂露呈を起源とする大分県の例もあり,「赤」地名のなかでは辰砂産出との関係を辿ればもっとも関係深いと認められるのではないか。「赤岩」は福島県に1ヵ所,山形県に2ヵ所,青森県に2ヵ所の4ヵ所に分布する。それらの地名が辰砂産出と関係があるか否かは明らかではない。

池・沼のそれぞれに「赤」文字が付された「赤池」・「赤沼」地名全国的に多く,「赤沼」は東北・関東に分布し,「赤池」は西日本に分布する特徴を有している。

「赤磯」は宮城と岩手に1ヵ所ずつ,「赤鹿」は岩手に1ヵ所,「赤柴」のほとんどは岩手・宮城・福島に集中し,長野・群馬・埼玉にはそれぞれ1ヵ所ずつ分布している。

関東・中部地方の「赤」地名で特徴的に分布する地名は「赤沢」である。

Ⅱ. 朱丹の諸問題

それは東北全域にも分布し，長野・山梨・新潟・群馬など山間部の諸県に多い。各種「赤」地名の大部分は関東・中部地域に分布し，「赤」と組み合わせての地名分布傾向を捉えることは難しい。

たとえば，「赤平」は北海道・東北以外では唯一埼玉県小鹿野町にあるだけである。「赤岩」は群馬・栃木・新潟などに分布し，「赤谷」は群馬・埼玉・長野・新潟，「赤川」は群馬・栃木・長野・新潟に。ただ，「赤水」・「赤桶」・「赤迫」・は関東・中部には分布しない。「赤土」は群馬・茨城・栃木・長野にも認められ，「赤堀」は群馬・栃木・埼玉に主として分布する。九州に主として分布する「赤瀬」は栃木県大田原市に1ヵ所認められる。

関東・東北の一部地域では土砂崩れによって生じた崖は「アカバッケ」と呼び，「赤禿」・「赤仏」・「赤這」・「赤法華」の文字を充てており，全国的には「赤崩」と言う地名が多く採用されている。

近畿・東海・北陸地方の「赤」地名をみると，「赤岩」は全国的に分布する地名ではあるが，近畿では京都府に「赤岩山」の3文字が知られるのみである。大阪・奈良・和歌山・兵庫・石川・富山・福井など水銀鉱床群の所在する地域では「赤岩」を見ることがない。三重では」「赤岩」が松阪市・御浜市・名張市の3ヵ所が知られ，「赤桶」は松阪市と高山市に分布している。「赤目」は愛知・静岡・三重・岐阜・富山の各県に分布し，千葉県に1ヵ所知られる。

「赤池」は松阪市と津市，岐阜の郡上市，愛知の日進市と稲沢市のそれぞれに1ヵ所ずつ分布し，近畿地方にはない。「赤川」は滋賀・三重・静岡・岐阜にあり，これも近畿にはない。「赤谷」は東海・北陸にも分布し，近畿では奈良に1ヵ所確認できるだけである。「赤石」は京都・静岡・愛知・岐阜にそれぞれ1ヵ所ずつ分布する。兵庫県赤石市の地名は海の赤石が起源と言われ，「赤土」は三重・静岡・兵庫に見られる。

近畿地方における「赤」地名の分布は希薄で，「赤見」・「赤目」・「赤堀」・「赤根」・「赤岡」・「赤沢」・「赤沼」・「赤川」・「赤池」・「赤迫」などは認められない。

中国・四国地方に特徴的に多く分布する「赤」地名は発見されない。強いて言えば，沖縄・九州に分布する「赤崎」，全国的に分布する「赤谷」が山陽・山陰に10ヵ所ほど認められ，九州に多い「赤鳥」が熊本・長崎に次いで島根に分布すると言う程度である。「赤石」は愛媛・山口・広島・島根に各1ヵ所，「赤岩」は岡山・島根・鳥取にそれぞれ1ヵ所ずつ認められる。

「赤池」・「赤沼」・「赤沢」は中国・四国地方には発見されない。「赤川」は山口・広島・島根に1ヵ所ずつ認められる。

四国の「赤」地名は「赤谷」・「赤石」・「赤田」・「赤滝」・「赤岩」に限られ，徳島と愛媛に「赤」地名の分布が目立つ。徳島では「赤谷」が2ヵ所，「赤石」・「赤滝」・「赤崎」が1ヵ所，愛媛では「赤石」・「赤田」・「赤崎」・「赤岩」がそれぞれ1ヵ所ある。

「赤」のみの地名は山口県美東町に見られる。

九州・沖縄の「赤」地名のうち，大分県で辰砂が露呈していることに起因する地名「赤岩」は熊本に3ヵ所，大分に2ヵ所，宮崎に1ヵ所，佐賀に1ヵ所の九州で計7ヵ所を数える。「赤」1文字の地名は福岡県田川郡赤村に認められ，九州に特徴的な地名の一つ「赤迫」は全国6ヵ所のうちの4ヵ所が分布し，残りの2ヵ所は山口と岡山である。「赤瀬」は九州・沖縄に14ヵ所も確認でき，その他では山口・和歌山・栃木のそれぞれに1ヵ所知られるのみである。「赤松」・「赤水」も九州に多く，半数以上が集中している。「赤崎」地名の半数は九州・沖縄に分布し，島名の「赤島」は熊本・長崎・島根に特徴的に捉えられる。

「赤羽」・「赤沼」・「赤沢」・「赤倉」・「赤桶」は九州・沖縄には分布しない。

「赤」地名の起源は丹生地名とは異なり，辰砂産出地を示しているとは限らない。『豊後風土記』の「赤湯」伝承は最も代表的な事例である。さらに，朝日・夕日の輝きや秋の見事な紅葉は「赤」を冠する地名に相応しい自然環境を醸し出している。これらの背景が複雑に絡んで「赤」地名が生まれたと思われる。「閼伽」の当て字としての「赤」や「赤い」という意味を持たない「赤」地名も少なくないように思われる。それはその地の地名の歴史を辿ることによって初めて解き明かされるものであろう。

(1) 「赤」地名推定起源の分類
①水銀鉱床群を起源とする。
　赤岩　赤石　赤桶　赤迫　赤川（丹川）　赤池
②赤鉄鉱の分布を起源とする。
　赤岩　赤石　赤井　赤川　赤池　赤沼　赤沢　赤谷　赤平　赤瀬　赤神
③鉄分を多く含んだ土壌・土砂の分布を起源とする。

Ⅱ．朱丹の諸問題

　赤土　赤田　赤崩　赤城　赤浜　赤湯　赤瀬　赤磯　赤淵　赤埴　赤羽
④植生・地形など自然環境起源。
　赤沢・赤谷　赤岡　赤林　赤木　赤柴　赤崩　赤島
⑤朝日・夕日の反射光起源。
　赤岳　赤山　赤倉　赤崎　赤磯　赤津
⑥領主・開発者の氏名・社寺起源。
　赤松　赤城　赤星
⑦音声の文字転訛・当て字起源（アカバッケ，閼伽，埴）
　赤羽　赤禿　赤仏　赤這　赤伏　赤桶　赤井　赤水
⑧アイヌ語起源。
　赤平　赤井
⑨その他伝承・記念物などを起源とする。
　赤　赤塚　赤見　赤目　赤島　赤下　赤金　赤滝

(2)「赤」地名と辰砂産出地

　故矢嶋澄策先生は日本列島に水銀鉱床群7ヵ所，他に孤立した水銀鉱山は岩手県・岐阜県・岡山県の3ヵ所があることを指摘されてきた。このなかで古代・中世に辰砂・水銀の開発が行われた所は大和水銀鉱床群，阿波水銀鉱床群，九州西部水銀鉱床群，九州南部水銀鉱床群，岐阜県地域，岡山県地域と思われる。すでに明らかなように，北海道を除くこれらの地域には「丹生」地名が残存し，赤い岩石の辰砂採掘が起源となっている。これに対し「赤」地名は新潟県新発田市の赤山や青森県今別町の赤根沢の赤鉄鉱産出地のように赤鉄鉱やベンガラとの関係はあっても，辰砂とは無関係な地名も多い。このような状況下で大分県日田市天ケ瀬町の「赤岩」地域は九州南部水銀鉱床群に当たり，実際辰砂が露呈している（口絵5）。この地は筑後川の上流玖珠川の支流赤岩川右岸地域で，赤岩川が玖珠川に合流する地点は赤岩場，それに接する丘陵地が赤岩一帯と言うことになる。
　また，筑後川の上流大山川の支流に赤石川があり，この水源地帯は日田市前津江町赤石で，「赤石本町」としても「赤」地名が残っている。前津江町は天ケ瀬町に接し，「赤岩」の西方丘陵地である。ここの「赤石」は辰砂起源の「赤」地名と判断できる。

5 朱丹と水銀朱（辰砂粉）生産

　九州に特徴的な「赤迫」地名は大分県大分市の丹生地名に隣接し、九州南部水銀鉱床群の地域である。丹生川が流れる右岸には丹生神社が位置し、元宮斜面には水銀採掘坑が捉えられている。丹生川の水源が赤迫池で、それに隣接して「丹川（あかがわ）」地名がある。丹生川最上流の夫婦岩の位置に自然洞窟があり、付近では辰砂が採取され、故松田寿男先生は自然洞窟を水銀採掘坑と認めておられた。自然洞窟の入り口天井はベンガラで真赤であり、「赤」地名は辰砂と赤鉄鉱の両者に起因する場合もあると思われる。

　九州の「赤迫」は大分市の他、臼杵市・中津市・長崎市の4ヵ所で、中国地方に山口県と岡山県の2ヵ所が知られる。これら「赤迫」の地名も辰砂・赤鉄鉱起源と思われる。

　辰砂起源の「赤」地名には「赤岩」の他に「赤石」・「赤桶」なども含められるのではないかと考えている。「赤岩」は動かない辰砂岩石に対し、また「赤石」は河川や辰砂産出地に散乱する赤い石に因んで付けられた地名ではないか。「赤桶」と「赤穂」は同じ赤鉱（あかこう）の文字が転訛したものと推定している。「赤桶」・「赤穂」は井戸のような竪穴を意味しているかも知れない。

　「赤石」は全国展開の「赤」地名ではあるが、関東では栃木県茂木町に1ヵ所あるだけで、九州・中国・四国に多い「赤」地名と言える。九州の「赤石」地名は九州南部水銀鉱床群に、四国では阿波水銀鉱床群に位置している。

　「赤桶」は三重県松阪市と岐阜県高山市の2ヵ所でしか知られていない。松阪市の「赤桶」は高見山を水源として東に流れる櫛田川流域にあたる。櫛田川の中流域右岸には「丹生」地名・「丹生大師」・「丹生神社」が所在し、一帯は伊勢水銀鉱山の坑道が多数分布している。

　三重県「丹生」から上流に進むと、櫛田川は仁柿川と合流する。その三角の丘陵に飯南町「赤滝」が位置し、さらに左岸を上流へ進み飯高町「赤池」に出る。隣接する地域は「赤桶」で、櫛田川を挟んで反対側が「向赤桶」になる。さらに「赤桶」から庄司谷川を遡り、峠を越えて手俣川を下ると「丹生俣」に出る。このように櫛田川上流両岸には「赤」地名が集中しており、この地域は大和水銀鉱床群域に当たっていることでもあり、これらの「赤」・「丹生」地名が辰砂・水銀と無関係に付せられたとは考えられない。

　実際、櫛田川の「赤」地名が集中する箇所より1km下流の松阪市小片野

Ⅱ. 朱丹の諸問題

町には弥生時代後期の辰砂採掘跡が奥義次さんによって2014年2月1日に発見されており,「赤」地名集中と無関係ではないと思われる。この採掘跡については詳しく後述する。

辰砂産出地としての「赤」地名は丹生地名の後に付されたものと思われる。『和名類聚抄』郷名の「赤」地名は三河国宝飯郡「赤孫」。遠江国敷智郡「赤坂」,信濃国水内郡「赤生」,陸奥国宮城郡「赤瀬」,出羽国置賜郡「赤井」,備前国「赤坂郡」,備前国沼隈郡「赤坂」など7ヵ所を挙げることができる。いずれの「赤」地名も現在の地名となっている。ここでの「赤」は「赤埴」との関係や閼伽井からの転訛で生じたものと思われ,辰砂鉱床との関係はないであろう。『和名類聚抄』での丹生地名は西日本に分布し,「赤」地名との差が明瞭である。郡郷成立の時代以前における辰砂産出地は「丹生」に限られ,「赤」地名の参加は無かったと思われる。

「丹生」命名に関係する辰砂管掌が丹生氏から秦氏に代り,辰砂・水銀の管掌が律令政府の直轄になると,「丹生」地名の増加は無くなり,辰砂産出地の新たな発見も少なくなった。豊後丹生地名起源説は辰砂産出の記憶が残っているうちに記録されたもので,大分県日田市天ケ瀬町「赤岩」や三重県櫛田川流域の「赤池」・「赤滝」・「赤桶」さらには「赤石」・「赤迫」などは辰砂と「丹生」の関係が忘れ去られた後に付された地名と推定できる。7世紀頃から「赤」地名が全国的に増加し,現在にまで続いていると言えよう。

〔註〕
1)今尾恵介『地名の社会学』2008　角川書店
2)谷岡武雄『日本地名事典』2007　三省堂

3. 縄文時代の朱丹・辰砂と生産遺跡

縄文時代水銀朱については,すでに3-2で論述したところであるが,そこでは生産ではなく水銀朱利用に主眼を置いて記述した。本項では辰砂採取・水銀朱(辰砂粉)生産について考えたい。

水銀朱は辰砂を原料としており,それは水銀鉱床群あるいは単独に存在する水銀鉱床からの流石採取あるいは採掘によって初めて得られるものである。今日縄文時代の辰砂採掘跡の確認は行われていないので,採掘の実情把握は今後の課題である。縄文時代の水銀朱は水銀鉱床群域を流れる河川に貯

5 朱丹と水銀朱（辰砂粉）生産

まる辰砂の採取によって得られたものと理解される。今日知られている辰砂採掘跡からは石杵（敲石）が多量に出土し，それらの一部には縄文時代に所属するものもあるのではないかと考えられもするが，縄文土器を伴う石器に恵まれず，現状では辰砂採掘は弥生時代後期からとしておく。これらの弥生時代石器は徳島県若杉山出土例に習い「石杵」と呼ぶ。

水銀鉱床群域で縄文時代水銀朱（辰砂粉）生産遺跡は次のようである[1]。

①三重県度会郡度会町大字上久具字森添　森添遺跡　　　縄文後・晩期
②三重県一志郡嬉野町大字釜生田　　　　天白遺跡　　　縄文後・晩期
③三重県一志郡嬉野町大字森本　　　　　下沖遺跡　　　縄文後・晩期
④三重県多気郡多気町大字森荘字川浦　　森荘川浦遺跡　縄文後期
⑤三重県多気郡多気町牧　　　　　　　　奥ホリ遺跡　　縄文後期
⑥三重県多気郡相可　　　　　　　　　　新徳治遺跡　　縄文後期
⑦三重県多気郡勢和村丹生　　　　　　　池ノ谷遺跡　　縄文後期
⑧三重県松阪市麻生園町　　　　　　　　王子広遺跡　　縄文後期
⑨奈良県吉野郡川上村大字迫字宮の平　　宮の平遺跡　　縄文中・後・晩期
⑩徳島県徳島市国府町　　　　　　　　　矢野遺跡　　　縄文後期・弥生

水銀朱（辰砂粉）生産遺跡の①～⑨は大和水銀鉱床群に属し，⑩は阿波水銀鉱床群内に位置している。前者の生産遺跡の位置は伊勢湾に注ぐ河川流域にある。①は宮川水系，②・③は雲出川水系，④・⑤・⑥・⑦・⑧は櫛田川水系に位置している。⑨は大和水銀鉱床群の中央部にあり，吉野川水系，⑩は四国吉野川・鮎喰川水系に当たる。これらの地理的状況から推して各河川の川床や沿岸に露頭する辰砂鉱床が崩落流出して河川敷など散布し，辰砂砕石や小粒を採集して原料としていたと思われる。

生産遺跡と認められる所から出土の石杵・敲石・磨石の先端と石皿の中央には水銀朱が付着し，この確認によって水銀朱（辰砂粉）の生産遺跡と判断する。水銀鉱床群地域以外での水銀朱を塗料として利用する集落では，磨石と石皿（台石）はセットとして出土することは例外と判断される。ただ，実際には富山県堺A遺跡，大阪府富田林市錦織南遺跡のように水銀朱の付着した石皿・台石・敲石・磨石が出土し，水銀鉱床群地域外集落でも水銀朱（辰砂粉）の製造が行われていた。

縄文時代水銀朱塗遺物は奈良県宮の平遺跡で縄文中期土器が最古と思わ

II. 朱丹の諸問題

れ、東北の縄文中期土器にも分析の結果水銀朱と判断された事例が見られる。三重県王子広遺跡では後期初頭の縄文土器、徳島県矢野遺跡では縄文後期の石器に水銀朱が確認されている。水銀朱（辰砂粉）生産は縄文中期末から後期初頭に開始され、最盛期は縄文後期後半から晩期と言えよう。

河川流域や辰砂鉱石露出壁などで採集された辰砂は生産遺跡に運びこまれ、砕かれて赤い部分のみに選別された後、第一工程で石皿（台石）に乗せて敲石をもって細かくされ、小砂状にされた。この小砂状辰砂は第二工程に入って磨石または敲石で磨られて粉末になり、第三工程として辰砂以外の岩石や鉱物の除去が比重選鉱によって純粋辰砂粉（水銀朱）とされる。こうしてでき上がった水銀朱は粗製縄文土器あるいは貯蔵容器が利用されて交易品として東日本各地に向けて搬出されていった。縄文土器内面に水銀朱の付着する鉢や甕の場合は、比重選鉱や貯蔵・搬出用に利用された結果と思われる。

4. 徳島県若杉山辰砂鉱山遺跡

四国のほぼ中央、中央構造線に沿って大和水銀鉱床群に続く阿波水銀鉱床群が走り、第二次大戦中の軍事物資増産に際しては、水井水銀鉱山を、経済性を無視して稼働させた。鉱山の周辺には地名丹生谷や丹生神社があり、故松田寿男先生が丹生の異字とされる入田・入野などの地名もあって、古くから水銀産出地域であることが知られている。若杉山辰砂鉱山遺跡は阿波水銀鉱床群の真っ只中に位置し、初めて確認された弥生時代後期～古墳時代初期の辰砂採掘遺跡である。

若杉山辰砂鉱山遺跡（図20）は小松島市在住の岡本垣さんが早稲田大学の学生時代に再発見されたことによるものであった。彼は拙著「辰砂考」と「辰砂の精製」に触発されて阿波地域の探査を開始し、『加茂谷村誌』に報告されていた故常松卓三先生の記録が目に留まり、情報をもたらしてくれた。常松先生は1954年には若杉山遺跡が辰砂採掘跡で、採掘・砕石用の石臼・石杵に加えて土器・辰砂を採集されていた。そして「石臼・石杵は辰砂を粉末にするための用具」と判断されていた。さらに若杉山辰砂鉱山遺跡に隣接した水井町東52に水井遺跡、水井町東83に寒谷遺跡を発見し、いずれの地でも石臼・石杵・辰砂を採集しており、辰砂鉱山遺跡であることが知られている。

5 朱丹と水銀朱（辰砂粉）生産

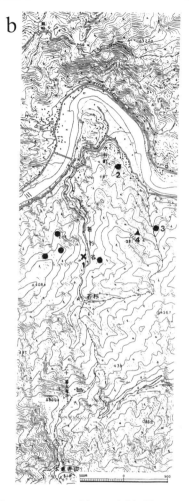

図a　若杉山遺跡の位置（▲印）

図b　若杉山遺跡と周辺の遺跡
（2万5千分の1地形図『馬場』を基図に作成）
1　若杉山遺跡（発掘地点）
2　中野遺跡・水井遺跡
3　寒谷遺跡　4　水井鉱山跡
1周辺の●印は分布調査での遺物採集地点

図20　徳島県若杉山辰砂鉱山遺跡位置図（『辰砂生産遺跡の調査』から改変転載）

　私は岡本さんの案内で現地を1969年1月及び8月の2度に亘って調査し，辰砂採掘・砕石跡と再確認できた。遺跡地は14，5段のミカン栽培段々畑で，表土は石灰岩で覆われ，石垣は全て石灰岩と砂岩で築かれていた。付近は標高250m，高さ409mの山の中腹にあり，かなりの急斜面である。
　この時採集した石臼は6（完形2，破片4）・石杵6・土器片多数である。完形石臼は20×50cmの楕円形を呈し，厚さ10〜15cm，平滑面に漏斗状の

89

Ⅱ．朱丹の諸問題

凹みが3〜5個あり，その径10cm，深さ5〜6cmを測る。石杵は楕円錐形状の砂岩自然石で，大きいもので径12〜13cm，長さ20cm位のものであった。多くの石杵は径5〜8cm，長さ8〜12cmで，上下端とも磨滅している（図21）。採集された土器は土師質の壺や高坏で，当時奈良国立文化財研究所におられた佐原真さんの判定によれば，畿内第4様式，第5様式，土師器であった。これらの採集遺物は岡本坦さんと二人で徳島県博物館に運び込んだ。

この後，若杉山辰砂鉱山遺跡は1,2度発掘調査の話があったが，実現せず，1980年代になって徳島博物館の天羽利夫さんが発掘調査に向けて積極的に取り組まれ，1984年に博物館主催の確認調査が実現した。その結果，弥生時代の辰砂採掘砕石遺跡であることが明らかになり，翌年から文化庁の補助金を得て本格的調査が行われた。本格調査は1985年・1986年・1987年の3ヵ年間で，発掘は都合4次に亘った[2]。本調査によって辰砂の採掘・砕石されていた時期は，弥生時代後期から古墳時代初頭であること，最盛期は庄内式土器併行期であること，辰砂付着石杵の発見により辰砂製粉・水簸が行われていたことなど従来からの所見が実証された。そして発掘された自然遺物の分析によって季節採掘の実態が解明され，採掘者集団の定住は捉えられておらず，彼らは季節的に鉱山へ集まり，辰砂採掘と辰砂製造に従事した。こうして「若杉山辰砂鉱山遺跡」であることが確定した。

若杉山辰砂鉱山遺跡における3世紀代の辰砂採掘から粗製辰砂粉製造までの工程は発掘調査の結果を踏まえ次のように復元する。

①採掘　水銀鉱床は石灰岩崖面に赤い筋となって露呈していたものであるから，採掘者は大型石杵を両手に持って水銀鉱床に向かって打撃を加え，石灰岩を崩落させた。

②選別採集　赤い筋の入った崩落石灰岩塊は中型石杵で砕き，赤い筋のみの小石（辰砂）を選別・採集する。

③第1次製粉　不純物を多く含んだ小石状辰砂は石臼の漏斗状凹みに入れ，小型石杵を持って砂状辰砂になるまで砕く。漏斗状凹みはこの工程によって生じたものと思う。

④第2次製粉　砂状を呈した辰砂は，石皿状の石臼の平滑な面に乗せ，小型石杵の側面を利用して磨る。辰砂と不純物とを水簸できるまでの粒度にする。

⑤ 朱丹と水銀朱(辰砂粉)生産

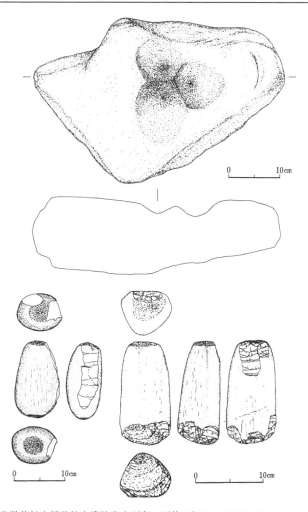

図21　徳島県若杉山辰砂鉱山遺跡出土石臼・石杵(『辰砂生産遺跡の調査』から改変転載)

⑤水簸　若杉谷川の清い流水を利用して比重選鉱を行う。これには甕形土器などが利用されたと推定できる。この工程でかなり赤い辰砂粉が得られ，運搬に適した辰砂になった。

　若杉山辰砂鉱山遺跡の発掘調査によって辰砂採掘砕石の実態がかなり正しく捉えられたが，発掘によって出土した赤い岩石は45個で，この科学分析結果では辰砂と判断された岩石は僅かに1個であった。44個は赤色鉄鉱石

91

II．朱丹の諸問題

で，辰砂には必ず鉄が付いてくるという故矢嶋澄策先生の教えが想い起こされた。出土辰砂の科学分析によって含有鉱物の割合などが捉えられれば，古墳出土辰砂との比較によって産地推定ができるのでは，と思われた。

また，4次に亘る発掘は段々畑の平地部分にトレンチを入れての調査であったから，辰砂鉱床の切羽までは到達できなかった。第一崩れやすい石灰岩の土壌の発掘は危険そのもので，万全の崩壊予防策をとった上でばければ切羽到達への発掘は難しい。

2015年12月26日に徳島県教育委員会は「朱を考古学する―弥生時代の辰砂採掘遺跡群の実像に迫る―」と言う講演会を開いた。講師は以下の研究者である。

　朱を考古学する（高島芳弘　徳島県立博物館長）
　古代における朱の使用方法（西本和哉　徳島県教育委員会教育文化政策課主任主事）
　なぜ今，朱を考古学するのか（早渕隆人　同教育委員会教育文化政策課課長補佐）
　阿南市長生町採集の辰砂採掘道具について（岡本治代　同博物館主任学芸員）
　阿南市の弥生時代と辰砂採掘遺跡群（向井公紀　阿南市文化振興課事務主任）

講演の内容は多岐に亘り，辰砂採掘遺跡も若杉山辰砂鉱山遺跡に限ったものではなく，中野遺跡・寒谷遺跡・丹波坑口・野尻石灰岩採掘跡・奥ノ谷遺跡・津乃峰山洞窟遺跡群など阿南市丘陵地帯に分布する辰砂遺跡が取り上げられている。そして，魏志東夷伝倭人の条記載「其山有丹」の「丹」は辰砂という前提で，「丹」のある「山」を積極的に探査している。勿論，「丹」は辰砂（水銀鉱石）のことで，倭国における「丹」産出地が本邦古代史上の重大事項であるから「其山」が日本列島のどこに当たるかは誰もが強い関心を持っている。

さらに辰砂鉱山で学術調査を実施したのは唯一若杉山辰砂鉱山であり，多くの新事実が発見された。しかし，不明な部分が少なくないので，今後の詳しい調査が期待されるのである。

5. 三重県太田・臼ケ谷辰砂鉱山遺跡と辰砂原石

三重県松阪市・多気郡多気町（元の勢和村）の地域は大和水銀鉱床群の東北部末端に当たり，櫛田川流域の丹生を中心に多くの中世水銀採掘坑が分布している。現在判明している採掘坑の最古例は11世紀のもので，露天掘りで

5 朱丹と水銀朱（辰砂粉）生産

図22　三重県松阪市太田・臼ヶ谷（辰砂鉱山）遺跡周辺図（奥義次による）

ある。11世紀以前の採掘跡の存在も充分推定できていたが，今日まで発見できなかった。朱の研究をライフワークにされている地元の奥義次さんは採掘坑の新たな発見に努力され，採掘坑は400基を超えると指摘されている。

2014年2月1日，奥義次さんはいつものように丹生地域からさらに山に入った櫛田川流域の松阪市小片野町山林（図22）を探査され，表面採集で土器・石器を発見された。その地域はかつて弥生中期土器の採集された太田遺跡に隣接し，またその近くに奥義次さん自身が辰砂鉱脈の末端が露出しているところを発見しており，辰砂採掘跡が所在すると推察してきた。土器・石器の採集された地域を太田遺跡と併合させて「太田・臼ヶ谷遺跡」と命名された。それは長年に亘る現地調査による努力が実を結んだ時でもあった。

太田・臼ヶ谷遺跡は三重県松阪市小片野町字臼ヶ谷（図22）に所在し，松阪市街地から南西に約10km，丹生集落からは西北西約4kmに当たる。遺跡は蛇行する櫛田川の右岸1kmで，北谷池（親池）とその低地に挟まれた丘陵に位置している。丘陵の根本はやや低くなり，そこに露天掘り採掘坑が展開している。北谷池に突出する丘陵頂は標高が140m，北谷の低地標高は114mである。露天掘り採掘坑の周辺は雑木林と杉・檜林に覆われている（口絵6上段）。

鉱山遺跡の現況について，奥義次さんは次のように指摘されている[3]。

　　本来の尾根を長さ約20m，深さ5m以上にわたって分断し，掘削
　　したところに2ヵ所（1・2）とそれに隣接した西斜面に1ヵ所（3）

Ⅱ. 朱丹の諸問題

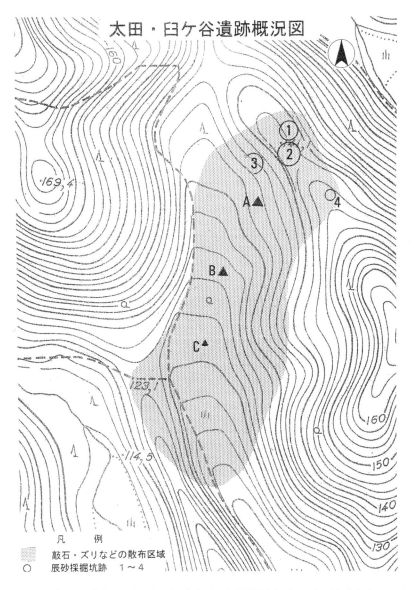

図23　三重県松阪市太田・臼ヶ谷（辰砂鉱山）遺跡採掘跡とズリ分布（奥義次氏による）

5 朱丹と水銀朱（辰砂粉）生産

および東南の尾根続きに1ヵ所（4）が残されている（図23）。いずれも露天掘りの採掘坑で，平面形は楕円ないし円形に近い。およその規模はそれぞれ下表のとおりである。

	長径	短径	深さ
辰砂採掘坑 1	10.5m	7.5m	1.0～1.5m
同　　2	12.0m	9.5m	1.5m
同　　3	6.5m		
同　　4	6.0m	5.0m	1m

　現地観察は奥義次さんの案内を受けて南武志・高橋徹・河野麻耶氏らと2014年7月26日に実施した。露天掘り採掘坑とそのズリ石の堆積する場所を表面観察し，そこで完形石器や断片が採集でき，河野摩耶さん採集石器先端には水銀朱付着が確認できたとのことで，採集された石器の詳しい観察が必要である。採集した石器を観察すると，打撃端と磨り面とが共存しており（口絵6下段），若杉山辰砂鉱山遺跡出土の石杵と類似し，辰砂崩落用と製粉用の両者に使われたと思われる。ただ，遺跡では台石・石皿は発見されてはいない。今日までに採集された石器の敲石・磨石は完形・破損品含めて20本に近いのではないかと思われる。

　採集土器は弥生土器・土師器があり，それら弥生中期から古墳時代初頭の所産と思われ，辰砂採掘もその頃と思われる。

　奥義次さんは度々のズリの探査で，辰砂原石も採集してきた。大きさは掌に乗る程度で，余程詳しく観察しないと辰砂との判別は難しい。採集された辰砂原石は廃棄されたもので，これを粉砕して精製辰砂を取り出すと言うものではない。採掘者が確保する辰砂は目に鮮やかな辰砂に限ったのではなかろうか。

〔註〕
1) 奥義次「縄文時代の赤色顔料Ⅲ・伊勢における朱の開発をめぐって」『考古学ジャーナル』NO438　1998.11　ニューサイエンス社
2) 岡山真知子『辰砂生産遺跡の調査―徳島県阿南市若杉山遺跡―』1997.1　徳島県博物館
3) 奥義次『弥生時代の辰砂採掘遺跡―松阪市太田・臼ケ谷遺跡概要―』2014年7月26日の資料

Ⅱ．朱丹の諸問題

6.『辰砂鍋』と精製辰砂の製造

　辰砂鉱山で露天掘りによって採掘された辰砂はその場で砕石され，運搬し易い大きさの岩石になった。石灰岩など辰砂を含む岩石は除外されてズリ山に捨てられ山となった。あるいは，斜面に廃棄された場合は平地を構成することもあった。三重県太田・臼ケ谷辰砂鉱山遺跡の場合は発掘調査が実施されていないので，表面観察ではあるが，石皿・台石の採集が無く，この点は徳島県若杉山辰砂水銀鉱山遺跡とは異なっている。前者の辰砂は破砕辰砂，後者は粗製の製品ではなかったか。
　若杉山辰砂水銀鉱山遺跡の粗製辰砂は，徳島県郡頭遺跡・名東遺跡など瀬戸内海沿岸から九州北部の精製辰砂製造集落に搬入された。この時朱壺が利用されたであろうことは充分考えられる。太田・臼ケ谷辰砂鉱山遺跡産の小石状辰砂も壺に入れて搬出されたであろうし，大和水銀鉱床群内大和地域の鉱山遺跡も，その存在は間違いないであろうから，これら鉱山遺跡産の辰砂も精製辰砂製造集落に集積されたであろう。辰砂精製に使用されたと考えられる内面水銀朱付着土器を出土した遺跡に徳島県内各遺跡，愛媛県松山大学構内遺跡，香川県内の平池遺跡・川津二代取遺跡・空港跡地遺跡・上天神遺跡（図24-1）・太田下須川遺跡，福岡県辻垣長道遺跡（図24-2）・須玖永田遺跡・尾垣添遺跡・犬竹遺跡・博多遺跡群，大阪府巨摩廃寺遺跡，奈良県纒向遺跡・矢部遺跡・戸石辰巳前遺跡・唐古鍵遺跡などが知られている。
　以上の遺跡は弥生時代中期後半～古墳時代前半期に当たり，大部分が弥生時代後期に属している。内面水銀朱付着と内面水銀朱塗りとは明確に区別しなければならないが，坏や鉢のように口縁の大きく開く土器では水銀朱付着と水銀朱塗りの区別は難しい。甕や壺，また「広片口三耳鉢」「把手付片口皿」「鉢」などと呼ばれる同種の土器は，内面水銀朱付着に間違いない。この種の土器は精製辰砂製造に利用されたものと判断できる。土器の特色は①内面水銀朱付着の他，②内面中央には円形の磨られた跡が見られ，③外面には煤の付着するものや強い火を受けて表面赤変・剥離を起こしていることなどが知られる。
　この種の土器の形状は甕形土器を半截した長楕円形で，従って甕口縁部は片口状に大きく開き，胴部を底に，甕底部や半截切り口（口縁部）には耳状突起をつけることもある。つまり，この土器は半截甕であり，突起は耳に当

5 朱丹と水銀朱（辰砂粉）生産

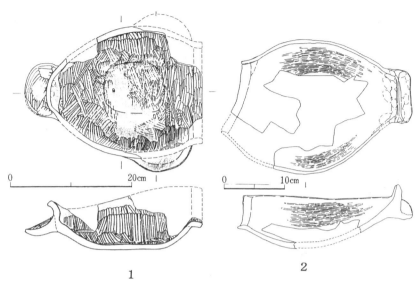

図24 『辰砂鍋』2種
1：福岡県辻垣畠田・長路遺跡出土「朱付着広口三耳鉢」
2：香川県上天神遺跡出土「把手付広片口皿」

たる。奈良県唐古鍵遺跡，徳島県名東遺跡，香川県上天神遺跡出土土器では耳が1つであり，「単耳付半截甕」，また福岡県辻垣長通遺跡の場合は耳が3つあり，「三耳付半截甕」と称することができる。そして，甕胴部に当たる底に強い火を受けているのであるから，その精製機能に基づき『辰砂鍋』と称することがもっとも相応しい。

徳島県若杉山辰砂水銀鉱山遺跡では，季節労働による辰砂粉末の水簸でかなり高い純度まで仕上げられたが，石灰分やベンガラを完全に取り除くことはできず，粗製辰砂として搬出，各地の辰砂精製集落遺跡では施朱の風習に利用できるまでに粗製辰砂の精製を行ったものと思われる。『辰砂鍋』は徳島県平野部弥生人の創意工夫による製作ではないかと考えられる。壺や甕を利用しての水簸に加え，それらへの加熱によって軽い不純物が重い辰砂の上層に押し上げられたところを除去する方法が行われていた。そうした時に，より合理的な精製法として半截甕の誕生となったと推察される。

三重県太田・臼ケ谷辰砂鉱山遺跡採掘の辰砂も辰砂精製集落へ運び込まれ

97

たことは容易に想像できる。辰砂粒の大きさは若杉山産より大きく，精製集落では1工程多かったのではなかろうか。つまり，石杵と石臼による粉砕を必要とし，その後に磨石による辰砂磨りが行われたと思われる。勿論，太田・臼ケ谷遺跡の発掘で石皿や台石が発見されれば精製集落遺跡での辰砂粉砕は必要ではなくなる。奈良県大和水銀鉱床群に露天掘り辰砂採掘・砕石遺跡が発見されれば，現状の太田・臼ケ谷辰砂鉱山遺跡の場合と同様であろう。

辰砂精製集落遺跡において行われる半截甕への加熱による辰砂精製法は浮遊選鉱である。集落では粗製辰砂にさらに手を加えて微粉化し，『辰砂鍋』に入れて水を加える。この水には予め浮遊剤としてカオリン（良質粘土）またはエゴノキの実汁（ずさ油）を混ぜておき,沸騰させると著しく泡がでる。重い辰砂に混じって沈下している不純物に対しては擂粉木棒状の撹拌棒で撹拌して泡に付着させる。『辰砂鍋』中央の摩擦痕はこうして生じたものと言える。水泡には表面張力があり，水に溶け難く軽い不純物は容易に付着し，水泡は一方の広い片口から流れ出，これを繰り返すことによって純粋辰砂が得られた。

微粉辰砂精製には，浮遊剤を混ぜなくとも沸騰によって不純物は上層に浮き,撹拌されることによって辰砂付着の不純物も分離したであろう。そして，沸騰泡と共に『辰砂鍋』から出て行く。この工程を何度も繰り返し，最後に火を止め冷えたところで『辰砂鍋』の片口から純粋辰砂を別の容器＝朱壺に移す。

辰砂が大和政権に掌握されていなかった段階では，朱壺は地域の首長に提供され，殯葬における施朱儀礼に使われた。時には朱丹塗料としても利用された。

7. 辰砂の大量粗製粉法の復元

古墳時代における施朱の風習では，辰砂は容易に，また盛んに使用された。辰砂に多くの不純物が含まれていても良しとした場合は，単に辰砂を磨り潰しさえすれば良かったであろうし，赤焼けした赤土でこと足りたかも知れない。これらの岩石土砂から少しでも美しい辰砂を得ようとするには，徳島県若杉山辰砂鉱山遺跡におけるような物理的処理を必要としたはずであり，そ

5 朱丹と水銀朱（辰砂粉）生産

してそれは，辰砂に含まれた不純物をできる限り取り除くことであった。奈良県大和天神山古墳出土の辰砂は水銀 51.6%（HgS 87.2%），岡山県楯築弥生墳丘墓の辰砂は 80.8%（HgS 88.3%）であるから，かなり純度の高い水銀朱である[1]。辰砂によらず重い物質から軽い物質を取り除くには，比重を利用することが最も確かな方法である。辰砂の比重 8.09，辰砂に着いていると言うベンガラは 2.0 であり，辰砂の比重は他の岩石に比べ極めて高い。

　辰砂の比重選鉱は下記のような方法であったと推定する。
　まず，①徳島県若杉山辰砂水銀鉱山遺跡における方法と同じく，採掘された辰砂は細かく砕かれる。これには鉄製用具を用いていれば効果的であったろうが，今日も発見されていない。②細かくなった辰砂は石杵・石臼で磨り潰される。この作業によって辰砂は粉末になり，辰砂以外の岩石も同大の粒子になっているから比重選鉱は可能である。③辰砂粉末を甕・壺などの容器に入れ，水を注入して撹拌する。水を静止させ辰砂が沈殿したところで上澄みを取り除く。この①・②・③の工程を繰り返すことによって比較的純度の高い辰砂，つまり水銀朱が得られる。得られた辰砂粉末（水銀朱）は首長を通して分配され，施朱儀礼の段階でも儀礼的製粉が行われることもあった。前・中期古墳から出土する石杵・石臼は，この時に使われ副葬されたものと考えられ，石杵の磨り面や石臼の凹所に辰砂が付着して真っ赤なものが知られる。

　このような規模の小さな辰砂の精製法も行われていたであろうことは想像に難くない。実際，土師器や須恵器などに内面に朱丹付着のものが発見されている。この資料のみで小規模比重選鉱の証拠とするには不充分であろう。松田寿男先生は須恵器壺こそ辰砂から水銀を採る容器と考え，壺内面赤色を挙げておられた[2]。

　純度の高い辰砂粉末（水銀朱）をもっと多量に，より効果的に選別するには小規模方法では満足されない。古墳時代における施朱の風習や装飾品鍍金に使われた辰砂・水銀の総量を思うと，もっと規模の大きい辰砂精製法が行われていたのではないかと考える。それは次のような方法ではなかったか。

　辰砂精製の工程は既述のように粉砕と水簸とに分けられる。粉砕の工程は小規模精製の場合と変わらないであろう。なぜなら，古代では人力以外に粉砕に要する動力を持たなかったからである。1959 年に大和水銀鉱山で辰砂

Ⅱ. 朱丹の諸問題

搬出を見学した時，坑道から搬出されてきたばかりの大きな辰砂塊を工夫二人が交互に鉄鎚を持って径 2 〜 3cm 大に砕き，ベルトコンベアに乗せて製錬釜へ運ぶ様を実見した。辰砂精製は人力で原石を砕くことに始まり，次に製粉されて辰砂粉末（水銀朱）となる。

　水簸工程の目的は辰砂粉末に含まれる多量の岩石粉を取り除くことである。小規模精製の場合，岩石粉を容器に入れて不純物を分離する方法が採れた。しかし，大量に，しかも効果的に水簸するには不充分である。辰砂の比重 8.0 が念頭にあれば，水流を利用することに誰でも気付かれることであろう。しばしば野外で観察されることであるが，川の流れの中に砂鉄が沈殿して黒い帯状に堆積していることがある。また，雨後の庭先では砂鉄の帯が見られる。粉末の辰砂含有の岩石を緩やかな水流に落とせば，砂鉄の如く辰砂は朱色の帯となって堆積し，軽い岩石粉は流れ去るであろう。この方法は大量に，より効果的に辰砂（水銀朱）を獲得するのに最適である。

　慶長年間以来，砂鉄採取法として今日に伝わる「鉄穴流し（かんながし）」は激しい水流に砂鉄を含んだ土砂を落し，これは砂鉄と土砂とを分離させる比重選鉱法のことである[3]。辰砂の場合もこの「鉄穴流し」と同種の選別法が行われていたと推定している。砂鉄は粗い粒であり，辰砂は細かい粒子であるので，辰砂の「辰砂流し」を行う時には，より緩やかな流れが最適と思われる。

　「辰砂流し」遺構が辰砂産出地に発見されているのかと言うと，それは否と言わざるを得ない。勿論，その構造・形態など文献資料や民俗資料などによって明らかにされている訳ではないから，仮に我々の眼の前に「辰砂流し」遺構が現れても認識できない可能性は高い。

　ところが，1984 年徳島県黒谷川郡頭遺跡を調査していた菅原康夫氏はこの遺跡が辰砂製粉・精製の大規模遺跡であることを明らかにする一方，第 1 次発掘調査で発見された溝 3 とそれに接続する落ち込み（円形凹み）の平滑な底には水銀朱の流れた痕跡を発見し，「辰砂流し遺構」と理解し，工房跡も確認するなどの大きな成果を上げた[4]。

　辰砂の大量精製法の復元については，1967 年に初めて推定復元を試み，遺構・遺物の発見に期待した。その推定復元が徳島県若杉山辰砂水銀鉱山の再発見及び「辰砂流し」遺構の発見に繋がった[5]。

〔註〕
1) 近藤義郎・他『楯築弥生墳丘墓の研究』1992.12　楯築刊行会
2) 松田寿男「水銀（朱砂）」『新版考古学講座』1971.9　雄山閣出版
3) 立川昭二『鉄』1966　学生社
4) ①菅原康夫『黒谷川郡頭遺跡跡』1986.3　徳島県教育委員会
　　②同「生産―朱」『考古学の世界』④中国・四国 1998.2　ぎょうせい出版
5) 市毛 勲「辰砂の精製―古墳時代における辰砂採掘砕石址の研究」『古代学研究』23　1967.6　古代学研究会

8. 辰砂管掌氏族 ― 丹生氏

　丹生とは『丹生地名』の解説ですでに明らかなように，丹を生む意であり，辰砂の産出に基づく名称である。そして，丹生を冠する丹生氏は辰砂の生産・貢納・祭祀に関係した古代氏族であった。丹生氏は特に丹生地名のある地方に散在しており，例えば若狭国遠敷郡丹生弘吉（『日本三代実録』丹生郡），越前国足羽郡に丹生人前麿（『天平神護2年越前国国司解』足羽郡）また『御野国肩郡肩々里大宝2年戸籍』には丹生人部止乃売の名が見えている。さらに，『新撰姓氏録』右京皇別に息長丹生真人があり，息長は辰砂産出地の近江国坂田郡の地名とされている[1]。『丹生祝氏文』によれば，丹生氏は紀伊国伊都郡に居住していたことが知られる。今日でも丹生を苗字とする人々は少なくない。その多くは古代丹生地名の付近に居住し，時には丹生神社の宮司を務めている。

　このように丹生氏とその居住する地域を挙げ検討してみると，水銀鉱床群との強い結びつきが理解されよう。これは丹生氏が辰砂の採掘・砕石・精製あるいは貢納に関与していたことを証するもので，水銀と直接結びつく氏族とは捉えられない。

　丹生氏は『新撰姓氏録』右京皇別によると，
　　息長丹生真人
　　息長真人同祖
とあり，同書左京皇別には
　　息長真人

II. 朱丹の諸問題

　　　　　出自誉田天皇応神。皇子稚渟毛二俣王之後也。
とあって皇別氏族の一つにされている。そして，息長は先にも記した如く近江国坂田郡内の地名であり，そこに居住した息長丹生真人氏と息長真人氏の系譜を明らかにしている。両氏の祖稚渟毛二俣王は『古事記』によれば，品陀和気命（応神）と咋俣長子王の女息長真若中比売との間に生まれた皇子である。

　この二氏族に関係すると思われる人名に息長真人国島，息長広長があり，また息長丹生真人川守，息長丹生真常人，息長丹生真人犬甘，息長丹生真人大国，息長丹生真人人主などが認められる。息長真人国島と息長丹生真人国島，息長真人広長と息長丹生真人広長はそれぞれ同一人物名と考えられ（『古代人名辞典』），これらの人々はいずれも丹生氏族と思われる。

　松田寿男先生は息長丹生氏に関し，「息長丹生氏は，この息長族のうち坂田郡の郡家から南に入った谷の朱沙（辰砂）採掘を管掌した」ものであろう。『大日本史』巻298の国郡志が『興福寺官務牒』に基づいて，むかしこの谷が丹生郷といわれたことを明らかにし，「息長丹生真人の居たところと考定したのは正しい。太田亮氏が指摘した丹生真人や丹生宿祢はこのようにして発展した丹生氏の片鱗を示すものであろう」と述べ，さらに「おそらく息長族が朱沙の採取や処理に特技をもつ一族であり，それが国内の朱沙資源の開発にとって，かなり大きな働きをしたことを反映しているのではあるまいか。息長族は，天日鉾と同様に，外来族ではなかったかと疑われる。そして朱沙文化の発達に外来民の一団が大きな力となったことも想像にかたくない」[1)]と結んでいる。

　息長丹生氏は近江国坂田郡丹生郷に居住し，辰砂の採掘・砕石・精製・貢納に携わった氏族であると認められる。先に挙げた人名の丹生弘吉，丹生直伊可豆智，また『丹生祝氏文』に記す丹生氏族は如何なる関係にあったものであろうか。どちらも辰砂の産出に関係していた氏族の系譜に属する点においては共通しているが，丹生氏族の中に丹生直伊可豆智で知られるように，「直」を有する者がいた。一般に「直」を有する氏族は，国造・伴造が多く，それらから推して丹生氏族の一部は国造あるいは伴造であったと思われる。

　『丹生祝氏文』に記録される丹生氏は紀伊国に居住し，丹生都姫祭祀に従っていた。次にその全文を掲げる。

5 朱丹と水銀朱(辰砂粉)生産

　丹生津比売及び高野大明神に仕へまつる丹生祝氏
　始祖は天魂命、次に高御魂命大伴氏の祖、次に血速魂命中臣氏の祖、次に安魂命門部連等の祖、次に神魂命紀伊氏の祖、次に最兄に坐す宇遅比古命の豊耳、国主の神の女児阿牟田刀自を娶りて生める児小牟久君が児等、紀伊国伊都郡に侍へる丹生真人の大丹生直丹生祝・丹生相見・神奴の三姓を始め、丹生都比売の大御神・高野大御神及び百余の大御神達の神奴と仕へ奉らしむ了へぬ。
　小牟久首が児丹生麻呂首、次に児麻布良首、丹生祝の姓を賜ひ、即の子孫、安麿、豊耳より始めて安麿に至る。十四世なり。安麿の児丹生祝伊可豆の子孫、石床・石清水・当川・教守・速総・蓑麿・身麿・乙国・諸国・友麿・古公小牟久の児丹生麻呂、佐夜造の乙女古刀自を娶りて生める児小佐非直が子孫、麿・広椅、丹生相見なり。宇胡門・大津・古佐布・秋麿・志賀・上長谷・屋主美麻貴天皇(崇神天皇)の御代、天道根命の裔紀伊国宇遅比古命・国主の御神の其子に座主大阿牟太首並びに二柱、進れる物、紀伊国の黒犬一供、阿波遅国(淡路国)三原郡の白犬一供なり。品田天皇(応神天皇)の寄さし奉れる山地、四至は東を限る丹生川上、南を限る阿帝川・南横峯、西を限る応神山・星川・神勾、北を限る吉野川。御犬の口代に飯を奉る地は美乃国、美津乃加志波(三津の柏)波麻由布(浜木綿)を飯盛る器と寄せ給ひき。又、此の伴の犬甘に蔵吉人、三野国に在る牟毛津といふ人の児犬黒比といふ人、此の人を寄さし奉る。此の人等は、今に丹生人といふ姓を賜ひて別け奉らしむ。犬黒比といふ者、彼の御犬二伴を率引ゐ、弓筈を手に取り持ち、犬御神の座す阿帝川の下長谷川原に犬甘の神といふ名を得て石神と成りて今に在り。彼の十三乎祖の時より今に大贄人と仕へ奉りて丹生人と召し、姓を賜ひ侍る。
　天平12年の咳、十三世勘へ仕へ奉るは丹生真人仕へ奉る。此の人等の子孫、今に侍り仕へ奉る。
　延暦19年9月16日

(田中卓博士校訂・訓読)

『丹生祝氏文』は延暦18(799)年の勅によって『新撰姓氏録』撰述のた

II. 朱丹の諸問題

めに諸国各氏から提出された本系帳の一つで，『丹生祝氏本系帳』と呼ばれてもよいものとされている[2]。また『丹生祝氏文』に関しては本居宣長の詳しい考証[3]や松田寿男先生の研究[4]が知られている。本稿では丹生氏辰砂管掌の立場から若干の検討を試みたい。

丹生氏の祖豊耳命は『日本書紀』神功紀に「紀直祖豊耳」とある者であろう。本居宣長は豊耳命について『紀伊国造系図』の「第七舟本第八都賀志彦の二代は豊耳命を称へたる詞の二代の如くなれるにはあらじか，さるは舟は丹の古体にて古文書に多く見ゆれば舟本はにほにて丹生の義，夜は屋の仮字，都賀志は嗣を延て体言にいへる詞なれは丹生屋彦豊耳命にて，丹生の家系は此命より起れると能かなひ，此命大名草彦の子なればここの文もうまくかかるここちす」と述べる。

『国造本紀』には，「以大道根命，為紀伊国造。即紀河瀬直祖」とあり，さらに『新撰姓氏録』河内国神別に，「紀直神魂命五世孫天道根之後也。」とある。これらの史料から，丹生氏は紀伊国造系氏族に比定されるが，紀伊丹生氏は皇別氏族ではないことが知られ，息長丹生氏との相違が感じられる。前者では豊耳の後，丹生真人乃大丹生直丹生祝，丹生相見，神奴の三姓が始まり，それぞれ紀伊国伊都郡に居住し，丹生都比売を祀った。息長丹生氏に関しての丹生都比売祭祀を証する史料は管見にはない。しかし，近江国坂田郡上丹生の神明神社は江戸時代まで丹生大明神と称されていたと言うから，あるいはその祭祀に関係していたかも知れない。紀伊国伊都郡，近江国坂田郡のどちらにも丹生地名が残り，古代辰砂産出地であった。

息長丹生氏は応神天皇の後裔とされ，紀伊の丹生氏は紀伊国造と同族関係にある。両氏ともその出自の時期，祭祀開始など応神前後に位置付けられる伝承を持つことなどは注意される。

辰砂の採掘は紀ノ川・吉野川流域の辰砂産出地でも4～5世紀には開始されたと推察でき，息長丹生氏の居住した近江での採掘は紀ノ川・吉野川流域での採掘開始後やや経ってからであろう。4世紀代まで遡ることは無いと思っている。息長丹生真人氏は紀伊丹生氏を出自とし，近江での辰砂採掘に従ったものではないだろうか。それが息長と言う地名と天皇族に息長と名乗る者が多いところから，天皇族に結びつけられたものと考えられる。

丹生地名の残る地方に散在する丹生氏も，紀伊丹生氏と何らかの関係が

5 朱丹と水銀朱(辰砂粉)生産

あったものと思われ,越前国丹生郡丹生直は同族ではなかったか[5]。
　応神天皇の母,「爾保都比売の命の御教」として『播磨国風土記逸文』には

　　播磨国逸文に曰く,息長帯日女の命,新羅の国を平けむと欲して下りましし時,衆神に禱り給ひき。その時,国堅めしましし大神の子爾保都比売の命,国造石坂比売の命に著きて教り給ひしく,「好く我が前を治め奉らば,我ここに善き験を出して,ひひら木の八尋桙根附かぬ国,少女の眉引きの国,玉厘かがやく国,苫枕宝ある白衾新羅を,丹浪もちて平伏け賜はむ」と,かく教り賜ひて,ここに,赤土を出し賜ひき。その土を天の逆桙に塗り,神の舟の艫舳に建て,又,御舟の裳と御軍の著たる衣とを染め,また海水を撹く濁して渡り賜ふ時,底潜る魚,及高飛ぶ鳥等も往来はず,前に遮へざりき。かくして新羅を平伏け訖へて,環り上らして,すなわちその神を紀伊の国の管川の藤代の峯に鎮め奉り賜ひき。(『風土記』岩波文庫)

と記されており,丹生都比売祭祀の起源を伝えている。また,「丹浪をもちて平伏けむ」と言う辺りには,施朱の風習の実態をよく残していると認められる。朱丹の鎮魂の役目を果たしていたことは,すでに述べたところであるが,「赤土」は辰砂粉を意味していると思われ,その呪力が新羅を征服させた要素になった。神功皇后は実在者では無かったにしても,応神・仁徳朝は施朱の風習の最盛期に当たり,地方の伝承に施朱の風習が何らかの形でその姿を留めていても,それは当然と言えよう。
　『播磨風土記逸文』では紀伊国の管川に丹生都比売を祀ったとあるが,元来丹生都比売祭祀には丹生氏の関与するところであり,丹生氏による辰砂の管掌は5世紀には開始されていたものと受け止めている。この丹生都比売祭祀起源伝承は,それらの事柄に関する記念的伝承として作為され,息長丹生真人の台頭によって息長帯姫(神功皇后)に結びつけられたものではないであろうか。

　〔註〕
　1)松田寿男「古代西北日本の水銀文化」『早稲田大学大学院文学研究科紀要』5　1959.11　早稲田大学大学院文学研究科
　2)田中卓「丹生祝氏本系帳の校訂と研究—新撰姓氏録の撰進について

Ⅱ. 朱丹の諸問題

　の一考察―」『日本上古史研究』2・3・4　1960　日本上史研究会
3) 本居内遠「天野告門考　付丹生祝氏文考」『本居内遠全集』12　1927
4) 松田寿男「紀伊における丹生都比売祭祀」早稲田大学大学院文学研
　究科紀要7　1961.11　早稲田大学大学院文学研究科
5) 太田亮『姓氏家系辞典』丹生直項　1920

9. 丹生氏の辰砂管掌組織

　「丹生」を冠する人名に，丹生氏の他に丹生人，丹生人部が知られる。丹生人は『丹生祝氏文』，『越前国司解』，また丹生人部は『御野国肩々里戸籍』に見ることができる。これらは「丹生」を冠するところから，丹生氏と辰砂産出とに何らかの関係にあったことを推量せしめる。

　太田亮は部の種類の一つとして「人」を取り上げ，「人と首とは別物であって人は漢人，新羅人，肥人などの人と同じく其の職業に従事する人，其の氏に属する人，或は其国から来た人を表すから一寸部に似て居る，否部と同様なものもある」[1]と述べ，人を三つの種類に分けた。第1はある職業に従事している者，第2は各氏私有の民，第3は外国の帰化人または異種族の者の3種で，第1は職業部によく似ており，第2は氏族私有の部と同様で変わりなく，第3は異人種から成立した部と似て居るが，それよりもっと自由であった。そして，丹生人は県主人，国造人，生江人などと同様に第2の分類に入れられている。丹生人には氏族名部（部曲，民部）として

　　　丹生人　　　　　　丹生直
の関係も指摘している。

　この「人」に関する研究を推し進め，分析していったのは，直木孝次郎である。直木は「人制の研究」[2]において人姓を第一類職業に関係あるものと，第二類種族名と考えられるものの二大別を行った。丹人は第一類に，丹生人は第二類に分類されている。そして，人姓の性格を「人姓にあっては『人』がカバネに類して，社会的な身分を示す称号であること」を推定し，「高い身分を示す称号ではなかった」と規定した。また，部との関係については「一般的には人姓者は人姓プラスカバネ姓者に隷属すると言う，三段階あるいはそれ以上の支配組織があったものと考え」，人姓氏族の階層を三つの型に分類した。

5 朱丹と水銀朱（辰砂粉）生産

　A型　某人　プラス　カバネ　―某人―某人　プラス　部
　B型　某人　プラス　カバネ　―某人―某人　プラス　部
　C型　某人　プラス　カバネ　―某人―某人　プラス　部

　このようにして直木孝次郎は「人姓者は社会的政治的に部姓者より上級の地位にあったものと考え」、「人」の称号の中に朝廷での地位を示す意味が含まれていたとみなし、さらに以上の論を手懸りとして、大化前代の官制を復元している。結論として「伴造と部民の制は人制の行われる以前からあった。伴造が部民を管理して朝廷の事務を分掌する組織が、4世紀ないしは5世紀初頭に起こり、5世紀代に盛行したと考えてよかろう。この制度が発達してくると伴造と部民との間にあって実務を処理する技能を有する下級官僚が必要となるであろう。人制は伴造・部民制が一定の理由によって発生しはじめたのではないか」[2]と考えた。

　以上の「人」に関する太田・直木の研究を基にして「丹生直」・「丹生人」・「丹人部」を検討してみよう。先に全文を掲げた『丹生祝氏文』では丹生人について、犬甘（部）蔵吉人と犬黒比2氏の後裔とし、後の犬黒比系丹生人は丹生氏十三世の時から大贄人として仕えている。いずれも牟下津氏から献じられた人々であって、丹生氏と同族関係にあったものではないが、丹生―丹生人の隷属関係を辿ることができる。三野国牟毛津と言う人物については、本居宣長は牟毛津氏であり、『古事記』の記す牟宣都君とは同族としている[3]。

　『越前国司解』にある越前足羽郡の丹生人は『丹生祝氏文』の丹生人と同じく、丹生氏の隷属下にあったものであろう。

　「丹人部」については、直木孝次郎は「人制の研究」の中で織部司の前身と関係すると説き、令制と人制の対比表で、

官　制	被官	伴部	人制
大蔵省	織部司	桃文生	丹人・服人
宮内省	内染司	――――	丹人

と言う関係を辿られた。直木孝次郎が丹人部の部を削除し、単に「丹人」とした理由が何に基づくのか論じられていないが、「丹人部」は『御野国肩々里戸籍』の人名であり、さらに美濃が牟下津の居住地に求められることは『丹生祝氏文』の丹生人との関係が推量でき、丹生氏に隷属していた部民ではないかと考えられる。丹生氏・丹生人・丹人部は直木孝次郎人姓分類のB型

II. 朱丹の諸問題

に属するものとは考えられないだろうか。つまり，

　　　丹生直—丹生人—丹（生）人部

の隷属関係である。氏名プラス部を称する氏が多数存在したことから推して，丹生氏にあっても「丹生部」の存在が考えられる。それを示す史料は管見にないが，直木孝次郎が「氏の構造について」[4]の中で2度ほど部姓者として「丹生部」を取り上げている。これは「丹人部」の誤植かと思われ，直木孝次郎人制分類のC型，つまり丹生直—丹生人—丹生部と言う隷属関係は丹生氏にあっては見られない。

　丹生氏が辰砂管掌者，また丹生都比売祭祀者として活躍していたのは，施朱の風習下においてであって，7世紀以降は『続日本紀』天平神護2（766）年3月条や『今昔物語集』伊勢国人依地蔵助存命話などが明らかにしている如く，丹生氏は辰砂管掌者の地位から除かれ，辰砂の採掘・貢納などは朝廷の直接管理下に置かれていったものではないだろうか。丹生氏は施朱の風習が衰退してからは，専ら丹生都比売祭祀に従事し，丹生人・丹人部は解体・分離していったものと思われ，その転換期を6世紀後半に想定したい。

　アマルガム鍍金法が導入・流布発展し鉄地や青銅地が黄金色に輝き，朱丹の呪術的権威は失墜するばかりで，丹生氏は施朱の風習の衰退と運命を共にした。その後の丹生氏は単に丹生都比売祭祀者としてのみ存在し，辰砂管掌を契機に中央豪族に成長することは無かった。7世期には辰砂・水銀の採掘・貢納は律令官司制に組み入れられた。

　〔註〕
　1）太田亮『全訂日本古代社会組織の研究』1955
　2）直木孝次郎『日本古代国家の構造』1958
　3）本居内遠「天野告門考　付丹生祝氏文考」『本居内遠』12　1927
　4）直木孝次郎『日本古代の氏族と天皇』所収　1964

10. 朱丹・辰砂の貢納と分配

　4〜6世紀の頃は辰砂の採掘・砕石・製粉・精製・貢納と言う職掌は，丹生氏がその部民を率いて従っていた。彼等の最も活躍した時代は言うまでもなく施朱の風習の最盛期（4〜5世紀）と思われる。丹生氏の活躍の場は，

5 朱丹と水銀朱（辰砂粉）生産

　中央構造線に沿う水銀鉱床群で，とりわけ伊勢・大和・紀伊・阿波はこの期の中心地であった。故松田寿男先生に従えば，丹生氏は露頭辰砂を求めて全国に移動し，その結果，丹生地名・丹生神社を辰砂産出地に残して行った[1]。しかし，丹生氏は6世紀には辰砂管掌から離れ始め，やがて丹生都比売祭祀を専らにするようになり，水銀利用の拡大と共に全国へ散って行ったものと思われる。それは辰砂採掘などが律令官司制に組み込まれて行った結果と思われる。つまり，辰砂産出地住民が調・庸の負担として辰砂・水銀を律令政府に貢納するようになった。

　4～5世紀の丹生氏は精製された辰砂を，大王を中心とした大和政権に貢納し，辰砂はそこで一時保管された。大王の死あるいは死を迎え始めた時，辰砂は殯葬の場に搬入され，施朱の儀に供せられた。中央豪族の場合，辰砂は大王（大和政権）から下賜されたであろうし，その量は朱壺の数で決まったのではなかろうか。千葉県手古塚古墳や群馬県後閑天神山古墳などの地方豪族では，その支配地域の差はあれ，朱壺1個の辰砂ではなかったか。

　大和政権から地方豪族への辰砂の分配は，5世紀後半には終了したと推察する。千葉県手古塚古墳の所在する東京湾岸の市原市の大地には5世紀前半の新皇塚古墳が知られ，その主体部は2基の粘土槨からなり，勾玉・管玉・石釧・刀剣が出土し，頭胸部に辰砂が検出された。この辰砂は矢嶋澄策・中村忠晴先生による分析の結果，砒素の反応が極めて弱く，伊勢丹生産の辰砂ではなく，手古塚古墳と同じ大和産と判定している[2]。これは恐らく大和政権から地方豪族へ辰砂の分配が実施された結果であり，辰砂の分配に大和政権が関与した最後の頃に当たると思われる。5世紀後半には全国各地の辰砂鉱山の発見と開発が進み，在地産の辰砂がベンガラと共に施朱の風習に利用され始めたと考えている。

〔註〕
1) 松田寿男『丹生の研究―歴史地理学から見た日本の水銀―』1970.11　早稲田大学出版部
2) 矢嶋澄策・中村忠晴「古代の朱色塗料と辰砂について」『学術研究』24　1975.3　早稲田大学教育学部

11. 飛鳥酒船石 ― 辰砂の大量粗粉製法の復元 ―

　奈良県高市郡明日香村岡のほぼ中央丘陵末端部に酒船石遺跡（図25）が展開し，その中心に酒船石が所在している。近くの畑からは「車石」と呼ばれる中央に溝のある方形板状の石も数個出土している。明日香村教育委員会は丘陵斜面を発掘し，1992年には丘陵中段を巡る切石積み版築があることを発見した。その後の発掘によって凝灰岩切石積みは7段以上確認され，丘陵斜面全体が版築されていることが明らかになり，酒船石所在丘陵は斜面地山成形後版築と擁壁をもって崩落から守られてきた。

　さらに丘陵下段の村道建設に先だつ事前調査で，小判型水槽と亀型水槽を中心に階段状石垣，溝が出土し，水槽の上方には湧水施設が現れた。湧水施設は湧水井戸とそれを囲むコ字状擁壁からなっている。井戸は砂岩切石を11段積み重ね，取水口には樋石を置いた。

　小判型水槽・亀型水槽・石垣は露出させてあり，今も酒船石同様見学できる。酒船石は全長5.4m，最大幅2m，厚さ約1mの花崗岩製で，丘陵頂傾斜に沿い僅かに外方に向かって傾斜している。この傾斜は設置された時から変わらないものと思われる。

　酒船石（口絵9）の表面は平滑で，裏面は自然状態のままで加工されていない。平滑な面に大小5個，一段下がったところに凹みが彫られており，凹みと凹みの間は溝で連絡し，凹みから出た溝は酒船石外へ開放している。凹みは扁平な楕円形で，深さ10cm，大きさはまちまちである。凹みの底は平滑で，溝はU字状，所により凹字状を呈している。ここでは記述の都合上，凹みを「池」と称する。最近では凹みを「池」と表現されることが多くなった。

　酒船石復元図（口絵9下段）に従って「池」と溝との関係を説明する。

　「もと池」は酒船石の平面中央の最上端にあり，「中の池」・「右の池」・「左の池」と3本の溝でそれぞれ連絡されている。「もと池」は長径75cm，短径（幅）35cm，深さ（壁高）7～8cmである。溝底と池底は同一レベルである。このことは酒船石の最大特徴で，飛鳥川沿いに復元された酒船石は出水溝に壁が造られ，流水がかなり滞留し，木の葉も流出していない。1960年代平城京調査部が東京小田急デパートで奈良の特別展を開いた時も実大に復元された酒船石の「池」には流水が滞留する構造であった。「池」と称してはいるが雨水は少しも溜まらないのである。

5 朱丹と水銀朱(辰砂粉)生産

図25　酒船石遺跡
①:発掘調査区,②:亀形石造物と階段遺構,③:酒船石周囲斜面擁壁と版築図,④:湧水施設と亀形石造物の関係模式図,⑤:湧水施設発見前の亀形石造物と酒船石との関係推定復元,⑥:酒船石所在丘陵と擁壁断面模式図

II. 朱丹の諸問題

　「もと池」から直下する中の溝は，酒船石最大の池である「中の池」に結ぶ。そして，中の溝は「中の池」と「中のすえの池」とも結んでいる。溝の幅は12cmで，溝の幅としては酒船石最大である。

　「中の池」の長径は138cm，短径（幅）67cm の長楕円形を呈している。あるいは隅丸長方形とも称することができる。「中の池」の場合は，その底高と溝高とは最も注意すべき点である。つまり，「中の池」への入水溝と出水溝との間にはレベルの差がある。入水溝底は「中の池」底より高く，出水溝底は「中の池」底と同一レベルである。酒船石の謎解きの基本はこの機能が合理的に解釈される所にあると言えよう。

　「中の池」から出た溝は，「中すえの池」に結ぶ。「中すえの池」は幅20cmの長方形をなすものであるが，酒船石の傾斜とも重なり，先端部では壁にならず，凹みは消えてしまう。

　「左の池」は「もと池」から左傾して走り，「左の池」は「右の池」と同じく左の溝から枝分れする溝と結合する。左の溝は2本の派生する溝を有しており，2番目の派生溝は先端を欠失している。恐らく先端には「池」が付くと思われる。「左の溝」の幅は10cm，また「池」の直径は55cm である。一部を欠失しているが，「池」から出て行く溝の痕跡が認められ，「中の池」と同じく入水溝底は「左の池」底より高く，出水溝底は「左の池」底と同一レベルである。

　「右の池」は「左の池」と対になる。つまり，右と左は「中の溝」を挟んで左右対称になっている。それは円形で，大きさは「左の池」とほぼ同じである。酒船石の切断によって溝の先端を欠いているが，「中すえの池」が中の溝にあるように溝の先端には「右すえの池」が造られていたものと思う。また，円形「池」は左側と同じく2個あったものであろう。

　以上の「池」と溝の他に，「中の池」の右下端隅から傾斜する浅い溝と「池」が彫られている。この溝は「中の池」の壁を切っておらず，未完成と判断される。左右対称の位置には「池」と溝を彫る余地はない。この部分に関しては設計ミスであったか，または完成後の余技であったかと思われる。

　酒船石平滑面から一段と下がった位置にある「下段の池」は，酒船石の湾曲に従い三日月形に彫られている。長さ170cmを測る。「池」の一端は「中すえの池」の下端にくるが，その間には溝などによる連結は認められない。

5 朱丹と水銀朱(辰砂粉)生産

「酒船石」という名称は何時の時代からの伝承であるのか明らかではない。本居宣長は『菅笠日記』のなかで次のように記している。

> また岡の里にかへり。三四町ばかりも北へはなれてゆきて，右の方の高きところへ，一丁ばかりのぼりたる野中に，あやしき大石あり。長一丈二三尺，よこはひろき所七尺ばかりにて，硯をおきたらんやして，いとたひらなる。中の程に，まろく長くゑりたる所あり。五六寸ばかりのふかさにて底たひらなり。又そのかしらといふべきかたにひさくまろにゑりたる所三ツある。中なるは中に大きにて，はしなる二ツは，又ちひさし。さてそのかしらの方の中にゑりたる所より，下ざまへほそきみぞ三すぢゑりたる。中なるはかの広くゑりたる所へ，たださまにつづきて又右の下といふべき方のはし迄とほり，はしなる二すぢは，ななめにさがりて，右の左り右のはしへ通り，又そのはしなるみぞに，おのおのの枝ありて，左り右にちひさくゑれる所へもかよはしたり。かくて大かたの石のなりは，四すみいづこもかどなくまろにて，かしらのかたひろく，下はやゝほそれり。そもそも此石，いずれの世にいかなるよしにて，かくつくれるか，いと心得が立ち物のさま也。里人はむかしの長者の酒ぶねといひつたへて，このわたりの畠の名をもやがてさかぶねとかや，此石むかし猶大きなりしを，高取の城きつきしをりにかたはらをば，おほくかきとりもていにしぞ。

(『本居宣長全集』第9冊所収「菅笠日記」)

高橋健自は酒船石の機能について

> 凹みのあるところ高く極めて緩なる傾斜を有し，液体をして凹みより漸次溝に随って流出せしむる装置とみるべく凹所は液体中に包含せる滓類を沈殿せしむる箇所なるべきこと自ら察せられる。

(『古墳発見石製模造器具の研究』1919)

と解していることによれば，酒滓を取り除く装置と考えているのではないか。酒船石に酒粕を沈殿させて取り除く機能があるとする指摘は，「池」と溝の構造観察が正しくないことを物語っている。醪から酒を採るには，圧搾なしにはできないであろう。槽とは醪から酒を絞る時に布袋に詰めた醪の圧搾容器である。その布袋に重みをかけ，酒を絞り出すわけで，古代槽が存在した

II. 朱丹の諸問題

のなら，形態的には酒船石とは凡そ異なった構造を有していた筈である。また，「どぶろく」と言われる酒の場合，粕を取り除く必要は無かったであろうし，仮に取り除くことがあったにしても，やはり圧搾か濾過を必要とした筈である。油の場合でも，酒船石では油粕を取り除くことは不可能であろう。

酒船石の「もと池」に滓を含む液体が流されても，軽い滓は「池」の底と出水口となる溝の底地が同一レベルのため，沈殿することなく滓は液体と共に流れ去る。液体とそれに含まれる物質を分離させる機能をこの酒船石は持っていないのである。もし，酒船石の「池」に液体を留めて置く機能を持っているものならば（例えば，出水口となる溝底が「池」底より高いこと），液体に含まれる滓を沈殿させることはできるであろう。酒船石の「池」と溝は酒槽では無かったのである。

とはいえ，酒船石に滓を採る機能があると言う伝承には首肯できるものがある。つまり，酒船石は流れを作る機能を有しており，混在する比重の異なる二つの物質を水流によって分離させることはできる。

比重の差と水流を利用して砂鉄を得る選鉱法に「鉄穴流し（かんながし）」があることは既に述べた。同時に辰砂粉末中に含まれるベンガラや石灰分などの不純物を取り除くために，流れを利用したであろうことを推量した。酒船石の「池」と溝に僅かではあるが傾斜の認められることは重要である。それは緩やかな流れを作るためには当然の設計であり，辰砂粉を水簸するには「鉄穴流し」のような早い水流ではいけない。また，それは「鉄穴流し」ほどの規模も必要としないであろう。

酒船石は，実は『朱造石』と称すべき石造物であり，辰砂粉末を流した施設と言うのが私の見解である。酒船石の「池」と溝に流れを作り，そこに辰砂粉末を落した時，ベンガラや石灰分などは時間が経つに従い流れさるであろう。「池」に残るものは，純度の高い辰砂粉と推察できる。

酒船石の所在する丘陵頂には水が無い。酒船石が現在の位置で辰砂粉の大量水簸していたことは，水流もそれなりにあったことになる。水流を得るには現在位置よりも高いところに水源を確保する必要があり，さらに酒船石の位置まで水を引いてこなければならない。その導水具は木樋であろうし，酒船石付近から出土した「車石」こそ酒船石への導水具であったと思われる。酒船石東方の丘陵下端（村道の上方）周辺には湧水点があったのではないか

5 朱丹と水銀朱（辰砂粉）生産

と考えられ，湧水点から酒船石まで「車石」を繋ぎ並べ（例えば飛鳥資料館庭園に復元された「車石」連結のように），流水を「もと池」に落とす。「もと池」に落ちたほとんどの水は「中の池」へ，僅かな水は左右の溝に分かれる。「もと池」に連結する3つの溝には高低差があり，左の溝には水流はできず，中の溝中心に流れる。「中の池」に流し込んだ水は「池」に留まることなく，池底を隈なく濡らすと，中の溝2へ出て行き，「末の池」から酒船石の外へ落ちて行く。

　このような水流の作られた酒船石，実は『朱造石』の「もと池」に粉末辰砂を少しずつ落とすと，粒の大きく重い辰砂は「もと池」に溜まり，多くの辰砂粉は水流に乗って「中の池」に流れ出，「池」には扇状に辰砂が堆積する。また，中の溝にも辰砂は堆積するので，やがて水流は左右の溝にも流れ込み，辰砂も左右の「池」に堆積するようになる。辰砂以外の軽い不純物は，酒船石の外部へ流れさり，周囲の土砂に混じりあった。酒船石の溝や「池」が辰砂粉で真っ赤になり，飽和状態になったところで「もと池」に落とす湧水を止める。「もと池」の水は全て溝に流れ出，「中の池」・左右の「池」の水も綺麗に抜け去ってしまう。水が綺麗に抜けたところで，溝ごと，「池」ごとに区分して辰砂粉を採取する。「もと池」などに留まった大きな辰砂粒はもう一度粉砕して水簸にかけたものと思われる。

　『朱造石』つまり酒船石の所在する明日香村岡は，大和水銀鉱床群地域に入る。そこは辰砂が産出する紀ノ川・吉野川流域に隣接し，ここで大量水簸された辰砂の原料はこれらの地域に求められたと思われる。採掘された辰砂は選別され，あるいは粗製製品として水簸地に搬入され，砕石・製粉が行われたと推察する。辰砂の搬入路は飛鳥の稲淵・栢森を経て芋峠を越え，志賀から上市へ出る山道ではなかったか。この山道をとれば，吉野川まで5～6時間を要したに過ぎないであろう。吉野川の辰砂は容易に明日香に集まったと思われる。

　また，古代辰砂の露呈していた兎田野町宇賀志方面へは，多武峰から奥宮を経て，さらに宇陀から古市場へ抜ける道をとれば，1日の行程であったと思われる。宇賀志地域の辰砂運搬推定路付近には，大和水銀鉱山，小松鉱山（宇賀志駒帰），神戸鉱山（大宇陀町本郷），多武峰鉱山（桜井市多武峰）などが昭和期まで稼働していた。多武峰へは岡から1時間の距離である。

II. 朱丹の諸問題

　以上のように吉野川流域辰砂産出地域と辰砂砕石の飛鳥までの搬入路を検討してみると、大和産の古代辰砂は全て明日香の岡に集まったと想像される。飛鳥において精製された辰砂は水銀製錬に供され、水銀需要のある飛鳥とその周辺に分散したものであろう。岩石に比べれば、粉末辰砂の水銀製錬は容易であったし、辰砂粉と砂金とを混合させ、圧縮磨り込みで、金アマルガムを作った可能性も否定はできないと考えている。
　『朱造石』による辰砂精製の原料としての辰砂砕石が吉野川流域からの搬入と推定すると同時に水銀鉱床群地域に属する飛鳥での水銀鉱山の開発はあったのでは推察も可能と思っている。
　松田寿男先生は次のような記録を残されている。

　　香久山は花崗岩と斑糲岩とから成る特異な地層を呈しているが、それは水銀 0.0001% が含まれている（昭和38年8月1日調査）。イワレヒコ（いわゆる神武天皇）が天の香久山の土で八十平瓫（やそひらか）を造ったという伝説もさることながら、この山に朱砂の産地がなかったとは言えない。かつて朱砂は、大和三山を含めた諸所に露頭していたと判定して誤らないであろう。昭和43年9月21日に、私は耳成山の頂部におそらく防空壕として掘られたらしい洞穴を見出し、その奥から山体を構成する土壌を採取し、これを矢嶋澄策博士の分析にゆだねたところ、それは水銀 0.0020% を含んでいた。また同日に私は畝傍山の山体からも試料を採取するのに成功し、それは水銀 0.0001% と報告された[1]。

以上の松田寿男先生の調査によって古代飛鳥地方における辰砂産出は充分考えられる。戦時中、大阪歩兵連隊は演習と称して飛鳥地方に探査に出掛け、穴を掘ったと言う。軍による水銀探査は吉野・宇陀地方でも行われていた。これらのことは、飛鳥地方に辰砂の古代採掘または採取推定の材料になることは言うまでもなく、酒船石『朱造石』説の傍証の一つに加えられると思っている。
　さらに松田寿男先生の共同研究者矢嶋澄策先生は次のように述べている。

　　水銀鉱床は、鉱床学の分類上、浅熱水成因であって、火成化作用の終末的生成であるという学説は、今のところ誰も疑いをさしはさんではいない。したがって、この鉱床の下底が、地下の深部に迄及んでいずに、比較的浅所に発達するものと考えられている。特に水銀鉱床が

5 朱丹と水銀朱（辰砂粉）生産

　他の金属元素の鉱床に付随的に伴って来る場合は，ほとんど上表部分に賦与する場合が多く，水銀の稼行対象としては，鉱床も矮小で，かつ富鉱床も顕著に発達しないのが普通である。このために，水銀鉱山は極く少数の特例を除いては規模においても大きく望めず，また長期にわたって稼行させるものも至って少ないのである[2]。

　飛鳥地方に辰砂産出の可能性は認めても実際に辰砂採掘跡は発見されてはいない。発掘の盛んな明日香村やその近隣でも辰砂の発見・採集は知られていない。しかし，このことをもって直ちに辰砂の古代採掘が無かったと結論付けるには躊躇している。

　酒船石の『朱造石』としての稼働期はいつなのか，重要な課題である。大量精製朱を必要とした時代は施朱の風習時代であったから，当初は3世紀〜6世紀と推察したこともあったが，その後の酒船石遺跡の調査では斉明天皇期あるいは7世紀と考えられている。今日，酒船石の営造時期を捉える材料は，発掘の結果判明した版築と石垣，それに酒船石自体であるから，7世紀の所産と言う推定が最も妥当なのであろう。7世紀には施朱の風習終焉後半世紀が経ち，アマルガム鍍金全盛期，つまり金銅製仏像の鋳造や金銅製仏具製造が全国的に展開した時期でもある。この期の大和政権の中心地は飛鳥地方にあり，このことで粗製辰砂あるいは砕石辰砂が飛鳥に集まり，精製辰砂が製造されて各地に分散したとみられる。精製辰砂は皇帝の色としての朱の利用，『万葉集』歌の「仏造る真朱たらずは」や「真金ふく丹生の真朱」が示すように，「真朱」つまり精製辰砂（水銀朱）が仏像鍍金に利用されたと言う可能性は大である。

　微粉の精製辰砂であれば，顕微鏡で覗くと水銀が白く光って見えるのであるから，水銀と硫黄の分離は易しくなると思われる。辰砂微粉と錬金と呼ばれる金箔の細片を練り合わせ，若干の加熱で金アマルガムが造れるのではないか。初期金アマルガム造りはこの種の技術であったと思っている。6世紀末〜7世紀の飛鳥地方は仏像鋳造と鍍金の行われた中心地と考えられ，金・銀・銅・錫・辰砂など有用金属・鉱物の集散地であったと捉えている。

〔註〕
1）松田寿男『丹生の研究―歴史地理学から見た日本の水銀』1970.11
　早稲田大学出版部

2）矢嶋澄策「日本水銀鉱業の史的考察」『地学雑誌』72-4　1963.8　地学雑誌

12. 酒船石遺跡と亀形石造物

　酒船石遺跡の第12次発掘調査（2000年）が丘陵の北側麓で実施され，小判型石造物と亀形石造物が地下数mの所に発見された。小判形石造物と亀形石造物は連接した水槽であり，この水槽から北方へ水路が延び，両側には川原石による大規模石垣・石敷きが設けられていた。湧水井戸が発見されていない段階では，水路は丘陵頂に位置する酒船石に連絡すると言う猪熊兼勝氏の指摘もあり，酒船石用途に関する議論が急速に高まった。第13次調査で，水槽上方に湧水井戸が発見されると，酒船石遺跡は道教寺院と言う推定が多くの研究者によって主張された。小判形・亀形水槽で道教の水祭祀儀礼が執り行われ，酒船石はその関連施設と言うことであった。そして，酒船石遺跡丘陵には道教寺院建物が並んだとも想像された。

　故網干善教氏は亀形石造物と『日本書紀』斉明紀2（656）年是歳条の記載をもって酒船石所在丘陵を「聖なる地」とされた[1]。しかし，『日本書紀』には酒船石遺跡が「聖なる地」と言う記載は無く，酒船石・亀形石造物の存在が「聖なる地」化させたと理解されたのであろうか。亀形石造物と酒船石とはなぜ一体と理解できるのであろうか。調査担当の西光慎治氏は酒船石遺跡調査速報に当たって，しばしば酒船石・擁壁（石垣）・水路遺構は石材の同質性をもって「一体」の遺構と表明しており，このことは飛鳥では一般に受け入れられていることなのであろうか。「道教的祭祀の場」であるから，道教的に言えば「聖なる地」と評価できるのであろうか。さらに，酒船石を中心とする「聖なる地」での「国家存亡を祈念する祭祀」とはいかなる祭祀儀礼であったのであろうか。それは酒船石の「溝」と「池」を利用した易や占星であったのか。具体的な儀礼の提示が待たれる。

　網干善教氏によれば，亀形石造物には「聖なる水」が溜められた。酒船石には「聖なる水」は流れていたのであろうか。この点について，「道教的な祭祀の場」説では全く触れられていない。酒船石は水流施設や導水施設などではないと考えていたのであろうか。「国家の存亡を祈念する祭祀の場」で

5 朱丹と水銀朱（辰砂粉）生産

あるからには政権の移動や政権への氾濫の有無，また鎮圧軍の派遣，あるいは自然災害の沈静化などを祈念する儀礼が営まれたことになり，その際酒船石はどのような役割を担ったものであろうか。

　酒船石曲水の宴使用（流盃渠）説に立脚してきた猪熊兼勝氏は，酒船石遺跡の擁壁（石垣）や亀形石造物の発見を契機に「両槻宮の中心の導水施設」説を新たに提唱された[2]。この新説は飛鳥資料館学芸員の岩本圭輔氏が支持し，「（両槻宮）庭園の導水施設の一部」と言う理解を示した。つまり，猪熊氏は酒船石遺跡を斉明天皇造営の両槻宮と認められた上で，酒船石の水流は亀形石へ落されたと想定したが，この想定は湧水井戸の発見によって誤りであることが判明した。酒船石の水流と亀形石造物の湧水とは別の湧水点の清水である。両槻宮の所在地については，今日まで確定できたとは言えない。やはり，従来からの飛鳥岡集落の東方多武峰丘陵地帯としておきたい。

　飛鳥資料館ではその庭園に酒船石・車石・出水の石造物を一連の施設として復元されている[3]。今日も酒船石左右溝にセメントが詰められたまま保存され，水道水が流されている。酒船石の復元完成時，NHKの特別番組で，酒船石曲水の宴の復元を試みるはずであった。番組のディレクターは早稲田大学史学科国史のクラスメイト故南和明さんで，彼から番組製作に先立ち「市毛説は不成立の番組になる」と了解を求めてきた。勿論実験の結果，『朱造石』説崩壊であればやむを得ないことは当然と返事をしておいた。ところが，復元取材の後，「やっぱり市毛説でないと酒船石用途は解明できない」と連絡してきたが，「奈良では市毛説の番組は作れない」と言うことで，曲水の宴復元の番組はできず，放映されなかった。南さんは斑鳩藤ノ木古墳石棺ファイバースコープ挿入の仕掛け人でもあった。

　直木孝次郎は酒船石遺跡の擁壁（石垣）発見に基づき山城説を立てられたが，亀形石造物や石敷き広場を材料として斉明期における「いただきに酒船石を置く修飾的な施設」，つまり「立体的な庭園を飾る設備」説を改めて提唱された[4]。酒船石の用途については触れるところなく，酒船石遺跡は酒船石を中心に置く庭園と理解されたのであろうか。酒船石は石敷きや階段施設から見上げる装飾的造形物に過ぎないのか。上面平滑の酒船石は下方からの眺望では何の変哲もない巨石に過ぎないであろう。

　そして，直木孝次郎は酒船石の所在丘陵は斉明期の「宮の東の山」である

II. 朱丹の諸問題

とされ，両槻宮説を排除された。金子裕之氏も「宮の東の山」説をとり，網干善教氏は「可能性が出てきた」として「宮の東の山」説に傾いておられる。

酒船石用水分配器説を唱える研究者は近年増えてきた。滋賀県服部遺跡や奈良県南郷大東遺跡で発見された古墳時代導水施設に，酒船石の「溝」と「池」の構造が類似しているとして提唱されたものである。提唱者は徳島大学石野博信氏，奈良大学の故水野正好氏，橿原考古学研究所の故亀田博氏らである[5]。亀田博氏は酒船石『朱造石』説について「水流による精製で辰砂を取り出すものとしては効果的ではない」と批判された[6]。

近代的用水分配施設の代表は，長野県伊那谷の西側段丘上を走る西天竜である。西天竜は要所々々に直径数mの円形分配枡が設けられており，西天竜からの枡取水口は大きく，分配口は小さい。したがって，分配枡には大量の用水が流れ込み，複数の分配口から流れ出し，水田を潤す。古墳時代と言えど，用水分配の基本形は変わらないと思われる。酒船石の現在位置は水田への用水分配には極めて不適であり，ミニチュアの祭祀施設と言うことなのであろうか。しかし，古墳時代導水施設の水槽は滞水が可能で，滞水不可能な酒船石の「溝」・「池」とはその構造が基本的に異なっている。

以上の酒船石・酒船石遺跡の所説はいずれも学術的手続きを経て提唱されたものであり，酒造り，油造り，麻薬の酒造り，ゾロアスター教施設などの俗説とは異なっている。今後さらに酒船石遺跡を始めとする飛鳥地域の発掘調査及び理化学的検査が進められ，諸説の検証が行われるものと期待している。

〔註〕
1) 網干善教「潔身の施設か」『歴史と旅』2000・7月号　秋田書店
2) 猪熊兼勝「石と水からなる飛鳥の都」『歴史と旅』2000・7月号　秋田書店
3) 猪熊兼勝「酒船石」『季刊　明日香風』1982.10　飛鳥保存財団
4) 直木孝次郎「土木・造園と斉明女帝の素顔」『歴史と旅』2000・7月号　秋田書店
5) 飛鳥池遺跡を考える会『飛鳥池遺跡・酒船石遺跡を考える　東京シンポジューム』2000.4.23
6) 亀田博「飛鳥京・苑池遺跡―京の中の東海と神山―」『季刊　明日香風』第72号　1999.10　飛鳥保存財団

6 倭人と真朱（辰砂）・丹

1. 墳丘墓と辰砂

　弥生時代墓葬制は支石墓・甕棺墓・箱式石棺墓・石蓋土壙墓・木棺墓に始まり、方形周溝墓・方形台状墓・円形周溝墓・円形台状墓・四隅突出墓・前方突出墓・墳丘墓など多様な名称で表現され、なかでも各種墳丘墓は弥生時代中・後期を代表する墳墓形と言える。弥生時代中期後半から後期には墳丘墓が顕著に築造され、岡山県楯築弥生墳丘墓はその代表で、全長80mを測る。円丘の高さは4.5mもあり、古墳時代前方後円墳に劣らない規模と言える。この墳丘墓では木槨に多量の辰砂が施されていたことで、良く知られた。

　九州縄文時代に開始され、全国展開する西方系施朱の風習は畿内各地にも波及していった。本田光子氏の研究によれば、甕棺墓盛行期の施朱に使われた朱丹は水銀朱のみとなり、甕棺墓の衰退と共に施朱の主流はベンガラに移った。箱式石棺墓や石蓋土壙墓に埋葬された遺骸の全体にはベンガラを用い、微量の水銀朱が頭胸部に使われた[1]。九州弥生墳丘墓では水銀朱を頭胸部に、それ以外にはベンガラという使い分けが行われ、畿内の施朱の風習では伝播当初から使い分けが明瞭であった。

　墳丘墓において遺骸1体当たりの水銀朱（辰砂）使用量は弥生時代後期になると増大するものと思われる。代表例は楯築弥生墳丘墓の32kg（口絵1）で、島根県西谷3号墳（四隅突出型弥生墳丘墓）の水銀朱10kgであった。第一主体・第二主体水銀朱の総量は10kg超える量ではなかったかと思われる。この水銀朱は南武志氏らによる硫黄同位体比分析で、中国産と判断されている。

　一般の墳丘墓における水銀朱の量は安田博幸氏の兵庫県半田山1号墳第一主体で試みた総量産出では、わずかに7.82gであり、容量に直して0.96cm³と言う少なさであった[2]。墳丘墓埋納遺骸頭胸部に施される水銀朱の量は半田山1号墓例が一般的と判断されている。

　弥生時代の辰砂は日本列島産と渡来品の2種があったことは、徳島県若杉山辰砂採掘砕石遺跡の発見や徳島県名東遺跡での弥生時代中期に遡る辰砂精製の実態が明らかにされたことにより、今日では広く知られている。先に記した三重県太田・臼ケ谷遺跡の発見で、さらに日本列島産辰砂の墳丘墓への施朱が明らかにされるであろう。『魏志』東夷伝倭人条の「其山有丹」の「其

山」とは正しく大和水銀鉱床群・阿波水銀鉱床群地域を指している。

〔註〕
1) 本田光子「弥生時代の墳墓出土の赤色顔料―北部九州地方にみられる使用と変遷―」『九州考古学』62 1988.2 九州考古学会
2) 安田博幸・井村由美「半田山1号墳墓の第1主体（箱式木棺）に使用された水銀朱（HgS）」1989.3『半田山―山陽自動車道関係埋蔵文化財調査報告Ⅸ－』兵庫県教育委員会

2. 渡来辰砂

辰砂は天然の場合日本列島産と渡来品，そして人工水銀朱も知られた。とりわけ渡来辰砂は『魏志』東夷伝倭人条に「真珠（朱の誤記か）鉛丹各五十斤」と記録され，3世紀後半期の日本列島に中国産辰砂渡来が明らかにされている。この「真珠（水銀朱）」は邪馬台国女王の卑弥呼が入手したもので，考古学的資料としての出土があれば，邪馬台国論争に強い影響を与えよう。ただ，卑弥呼入手の水銀朱であることの判定は不可能に近く，渡来辰砂の解明が先決であろう。

柳田康雄氏は福岡県三雲遺跡の1975年度調査で，2個の辰砂を発見した。彼はこの辰砂が渡来の原石であることに早くから気づいていたが，公表は1981年にずれ込んだ。1個は弥生時代後期末～古墳時代初めの21号住居跡出土で，重量は3.35gである[1]。2個とも純粋辰砂で，濃赤褐色（暗赤紫色または深紅色）を呈し，粉砕すれば鮮朱色粉末に急変する。また，三雲遺跡では南小路1号甕棺出土四乳雷文鏡の縁側に付着して水銀粒も検出されており，今日知られる唯一の水銀である[2]。

福岡県比恵遺跡群（口絵3）では，1995年の調査で，大量の辰砂原石を検出した。弥生時代中期後半～末に属するSC028のSP1570ピット底中央に泥にまみれて辰砂の大小粒が一塊になって埋納されており，泥も含めた総重量約895gで，その大半の重量は辰砂である。本田光子氏はこれを大・中・小の粒に分類し，大粒辰砂は1～3g，中粒辰砂は平均0.3g，小粒辰砂は砂状で，中粒の10分の1程度の粒子であるとされた[3]。

大量の渡来辰砂が知られるようになって，日本列島産辰砂との違いが一層明瞭になった。渡来辰砂は岩石中に濃赤褐色の小塊や砂状で含まれ，割って

取り出すことができる。日本産辰砂は石灰岩中に赤い筋として存在し，割っても純粋辰砂を取り出すことはできない。つまり，日本産のような産出状況の辰砂は，中国では水銀製錬用で「丹」と呼ばれるもので，「上好朱砂」とは評価されない辰砂である。これに対し，中国辰洲・錦洲・四川西部産出の辰砂は「上好朱砂」に当たり，仙薬調合の基本石薬とされたものである。
福岡県地域の弥生時代遺跡の浦志井尻・泊熊野・三雲井原ヤリミゾ・潤地頭給・安徳台・立石・大板井などから出土した辰砂は硫黄同位体分析によって渡来と推定され[4]，弥生時代の北部九州では渡来辰砂がかなり流通していたことが知られる。それは施朱の風習の盛期と重なっているように思われる。

渡来辰砂が日本列島で石薬として利用されたか否かについては不明な点が多く，その解明は今後の課題と言ってよかろう。弥生時代や古墳時代仙薬の日本列島域での調合は無かったと判断している。

渡来辰砂は福岡県三雲遺跡や比恵遺跡群などの北部九州の拠点集落に搬入され，地域首長直轄下の辰砂精製工房で製粉され，施朱の風習に利用された。九州・中国・近畿の首長墓の一部には渡来辰砂も含まれていたと推察できる。とりわけ卑弥呼の遺骸は大量の渡来辰砂で埋め尽くされていたのではないか。九州甕棺で比較的粒度の整っている辰砂は渡来辰砂の粉末と解してよいと思われる。

〔註〕
1) 柳田康雄『三雲遺跡Ⅰ・Ⅱ』1981・3　福岡県教育委員会
2) 柳田康雄『三雲遺跡―南小路地区編』1985　福岡県教育委員会
3) 本田光子「比恵遺跡57次調査出土の辰砂について」『比恵遺跡(24)―第57次調査報告書』1997.3　福岡県教育委員会
4) 河野摩耶・南武志・今津節生「九州北部地方における朱の獲得とその利用―硫黄同位体比分析による朱の産地推定―」『古代』2014.2 第132号　早稲田大学考古学会

3. 卑弥呼と辰砂

これまでも度々触れてきたが，『魏志』東夷伝倭人条には，丹・朱・辰砂・真朱に関する記述を見ることができ，日本列島3世紀代の朱丹の様子が中国文献の上で捉えられる。記述は次の4ヵ所である。

II．朱丹の諸問題

① 以朱丹塗其身体如中国用粉也
② 出真珠青玉其山有丹
③ 特賜・（略）・銅鏡百枚真珠鈆丹各五十斤
④ 上献・（略）・帛布丹木栁短弓矢

　①の記述は倭地における顔面も含めた身体への赤彩色の習俗を意味する。朱と丹はどちらも赤色を呈し，赤色顔料の種類まで区別したものではないと考える。身体は衣服で覆われるから，赤彩色の主な部位が顔面にあることは言うまでもない。

　②は①と同じく「倭地温暖」に始まる段落にあり，倭地の特産を記したものである。「真珠」は文字通りの真珠（pearl）であり，「青玉」は硬玉を指すものと思われる。両者とも日本列島に産することはよく知られていた。「其山有丹」の「丹」は正しく日本列島産で，列島の山岳地帯に産出すると言うことである。『説文』では「丹」は井の中に、を入れて，井の底を表し，辰砂採掘坑を意味している。つまり，「丹」は辰砂のことであり，正倉院宝物の「丹」とは異なる。故水野祐先生は「丹は天然に産する赤鉄鉱を粉砕して得る鉄丹」とされ，さらに「この丹が赤鉄鉱であっても辰砂であっても，いずれも山の産物であるから，差支えない」そして「女王が魏に贈った丹は水銀朱であったとしてもよいであろう」[1]とされた。「丹」が辰砂で，それが山からの産出と言うことは邪馬台国問題とも絡み重要な史的意味を有していると捉えられる。

　唐の『新修本草』では石薬玉石上品の玉泉，玉屑に次いで第3位に「丹沙」の名が挙げられている。仙薬では第1位である。『新修本草』の「丹沙」と倭人条の「丹」とが同種の辰砂ではないことは，前者が『天工開物』に言う「上好朱沙。出辰・錦今名麻陽」を指すことは明らかであり，「丹」は品質の悪い辰砂を意味すると思われる。日本列島における「丹」の産地は中央構造線に沿って分布する水銀鉱床群であり，採掘・砕石など3世紀の開発という観点からすれば，「其山」とは大和水銀鉱床群・阿波水銀鉱床群の山岳丘陵地帯が当てられよう。実際，弥生・古墳時代稼働と推察され，大和水銀鉱床群に位置する三重県松阪市に太田・臼ケ谷遺跡において辰砂採掘によるズリや露天掘り跡，さらに採掘具の敲き石・辰砂が多数採集されている。また，徳島県若杉山辰砂鉱山遺跡も知られており，これらは「其山有丹」の一つに

数えることができよう。

③の記述を辰砂に関する内容と理解するには,「真珠」を「真朱」の誤写と受け止める必要がある。「銅鏡百枚」の卑弥呼への下賜はあまりにも有名で,その記述の後に続く「真珠鉛丹各五十斤」は看過され続けてきた。「真珠」は②にあるように日本列島沿岸では良質の真珠が採れた。併記されている「鉛（鉛）丹」は鉛を原料にした人工の橙色顔料で,下賜品と認定できる考古学資料が出土することはまずないと思われる。1960年拙論「辰砂考」において積極的に「真珠真朱説」を提唱し[2],今では定説にまで成長している。

「真珠真朱説」の基本要件は,①「真珠」が鉛丹という人工橙色顔料と共に併記されていることである。さらに②粉末物質の度量衡である「斤」をもって「真珠鉛丹」の両者を表記し,「鉛丹」が粉末である限り「真珠」も1個1個と数えられない粉末や砂でなければならない。また,③「真珠」が文字通り真珠であれば,粒の数詞に「孔」が用いられた筈だし,「白珠5千孔」のように記述されたものと思われる。

したがって,「真珠」は「真朱」の誤写で,『新修本草』玉石部上品丹砂の部に「能化汞,作末名真朱・（略）・及名真朱即是今朱沙也。」とあることによって,真朱は人工水銀朱粉末であることを推察せしめる。いずれにしても,真朱は丹とは異なり,「上好朱沙」であることに変わりなく,粉末または砂状の天然辰砂・人工の水銀朱であろう。そして,「五十斤」と言うのは12.5kgにあたり,かなりの量と言える。

以上の議論に対し,邪馬台国九州説の故水野祐先生は『評釈　魏志倭人伝』のなかで,「真珠というのは水産のたまであり,それは中国ではいわゆるパールではなく,カラスガイやオオハマグリの珠であった」,そして「オオハマグリを母貝とする白珠をさしていたと解する」。さらに「「真珠」を「真朱」として辰砂とする説は,有力になりつつある（主として考古学の側から）といっても,にわかに信ずるわけにはゆかない。」として真珠真朱説を排除された。先生のもとで勉強した私にとっては取り上げていただいただけで幸せであった。晩年病床から朱について電話で問いあわせてくれた考古学者の故佐原真さんは「もっともな主張」[3]と述べられている。

④は卑弥呼からの献上品である。日本列島産の「丹」がその一つに加えられていることは「丹」のベンガラ（赤鉄鉱）説を否定するものと思われる。「丹」

Ⅱ. 朱丹の諸問題

は「其山有丹」からの産出で，その地が卑弥呼の領域下にあったことを示している。卑弥呼のもとに集まった「丹」は「其山」を支配する地方豪族からの献上品であったのではなかろうか。卑弥呼と「丹」の関係はかなり密接であったと受け止めている。私は従来から「其山有丹」卑弥呼領域説を主張し続けている。

　卑弥呼の3世紀半ばは施朱の風習最盛期の初期に当たる。千葉県神門古墳群3号・4号でも朱丹は頭胸部に検出されており，西方系施朱の風習は九州から東日本の南部地域にまで広がった。前述の弥生墳丘墓における施朱状況を勘案するに，卑弥呼の墓は大量の辰砂で埋め尽くされているものと想像できる。そして，その辰砂は卑弥呼の領域産あるいは渡来辰砂（真朱）であり，葬墓は大和に営まれたものと考える。

〔註〕
1）水野祐『評釈　魏志倭人伝』1987.4　雄山閣出版
2）市毛勲「辰砂考」『古代学研究』1960年23号　古代学研究会
3）佐原真『魏志倭人伝の考古学』岩波現代文庫　2003.10　岩波書店

7 中世辰砂水銀鉱山遺跡と水銀製錬

1. 伊勢辰砂水銀鉱山

　中世における伊勢丹生産の水銀は，貢納品としての地位を確立していた。そのことは辰砂・水銀の採掘を行い，辰砂の場合は製錬されていたことを意味しよう。『今昔物語集』には「伊勢国人依地蔵助存命語」に「穴ヲ掘リテ其レニ入リテ水銀を求ムル間二十余丈ノ穴ニ入リヌ。（略）三人皆穴ノ内ニ有」と記述されてあることによって，中世の辰砂水銀採掘の様子が窺われる。「二十余丈」と言えば，奥行き60m以上の坑道であり，かなり深い。そして，3人が1ヵ所に固まって居られる広さがあったとは，蟻穴の如く所々に広場が設けられていたと思われる。「水銀ヲ求ル」とは水銀湧出を求めて掘り進めたのではなく，辰砂鉱床を掘り崩していたものであろう。

　伊勢丹生で江戸時代に西村和兼の書かれた『丹洞夜話』は，第1巻「御宮山」の項に「多気の国司の御殿夜な夜な光申候」「室の神主帰宅仕候て御喜に夜中に御参宮申候手洗の上いかにも白く見え申候処立寄候は皆水銀也夜中にくみ上主の宿所へはこひ被申候」[1)]と言う伝承を記録しており，自然水銀の湧出は決して珍しいものでは無かったのではないか。

　中世伊勢丹生での辰砂・水銀鉱山の稼働は盛んであった。その開始は何時の時代まで遡れるか。奥義次氏によれば，「丹生字岩尾・馬ノ谷地内などの丘陵頂部」では石器が発見され「縄文時代以来『朱の山』として開発されてきた可能性は高い」[2)]と言う。奥氏ご自身が2014年に発見した太田・臼ケ谷遺跡における辰砂採掘は弥生時代にまでは遡ることができ，縄文時代とする資料にはまだ欠如している。縄文時代では河川や崖下に散乱する辰砂岩石片が採集され，辰砂の砕石・粉末化が行われていたものと推察できる。

　中世に盛んであった伊勢丹生の辰砂水銀採掘は，近世にはいると衰え始め，『勢陽雑記』に「近年掘絶しける也」[3)]と記録され，水銀辰砂の産出は17世紀半ばには途絶えたものと思われる。辰砂水銀採掘者による正保2（1645）年丹生神社への奉納「金山鎚」は，水銀・辰砂の産出を祈願したものであった。しかし，その後もしばしば水銀・辰砂の採掘は試みられ，いずれも失敗に終わっている。

　伊勢丹生地域では，多くの辰砂・水銀採掘坑口が知られている。第二次世

Ⅱ. 朱丹の諸問題

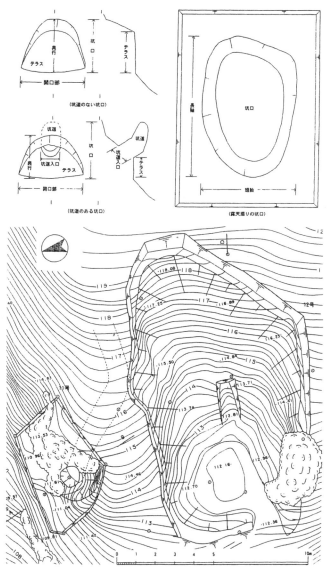

丸山口水銀採掘坑口の分類（上段）
11号（AⅠ類）・12号（B類）坑口（下段）

図26　三重県丹生水銀鉱山採掘坑跡
（『勢和村水銀採掘坑群発掘調査報告』掲載図の改変転載）

7 中世辰砂水銀鉱山遺跡と水銀製錬

界大戦後に地元篤志家が採掘し,坑口には水銀製錬施設を建設して製錬も行われた。現在もこの施設は残存している。篤志家による採掘休止後,大和水銀鉱業所が採掘し,製錬は奈良県宇陀の製錬所で行われた。現在は閉鎖された大きな坑口が今も当時を偲ばせている。

辰砂・水銀採掘跡の分布調査は勢和村教育委員会によって実施され,その結果は1993年3月に『水銀採掘跡分布調査報告』として発行されている。報告によれば,確認された坑口の総計は183基,丹生地区にその80％が集中し,残りが大谷池周辺と朝鞆・片野地区に分布している。坑口の大きさは100×150cmが多い。

三重県埋蔵文化財センターは1999年と2000年の2度に亘って採掘坑発掘と坑口分布調査を実施した[4]。発掘は勢和村色太字山口所在山口水銀採掘坑群の一部を対象とし,一方,勢和村色太字古谷所在水谷水銀採掘坑跡群は詳しい分布調査であった。山口水銀採掘坑跡群では1995年の報告書ではわずか1基が記録されているに過ぎなかったが,新たに53基の坑口が発見された。水谷水銀採掘坑群の場合は11基の坑口であったものが,5群に分かれ,総数45基に増えた。勢和村教育委員会調査に新発見分を加えると,坑口跡の総数は265基に達する。今後さらに詳しい調査が行われれば,坑口跡は一層増加するであろう[5]。

丸山口水銀採掘坑口跡群(図26)の坑口発掘は,道路建設予定地内に限られ,その結果から調査者の小濱学氏は坑口形態を3種に分類された。

A類は坑口部分が掘削されてテラス状を呈するもの。このA類には坑道を有するAⅠ類と坑道掘削のない坑口AⅡ類がある。

B類は露天掘りである。

これらの分類について,小濱学氏は時期差を示しているかどうかの判断を明らかにはしていない。しかし,B類は平安末まで行われていたと推定している。

小濱氏によるこの年代推定は,B類12号坑口出土炭化物の放射性炭素年代測定値が915＋−25年(暦年代AD1041〜AD1141)との結果に基づいている。12号坑口からは石製鎚(石製打割具)が18本も出土し,次には10号で4本,5−2号・8号・13号が各3本出土であった(図27)。12号露天掘り跡からの出土本数が異常に多い。8号はAⅠ類,5−2号はB類で,石鎚(石

129

Ⅱ. 朱丹の諸問題

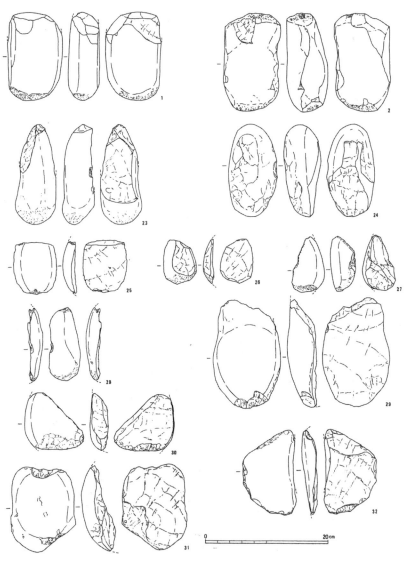

1は丸山口水銀採掘坑 5−1坑口，2は丸山口水銀採掘坑 5−2坑口，23～32
は丸山口水銀採掘坑 12号坑口出土

図27　三重県丹生水銀鉱山採掘坑跡出土石器
(『勢和村水銀採掘坑群発掘調査報告』掲載図の改変転載)

製打割具)の出土本数による坑口形態上の違いは認められていない。
　ＡⅠ類坑口の坑道幅は100cm，高さも100cmが多く，Ｂ類坑口の露天掘り穴は12号で長軸12.2m×短軸7.2mである。各坑口からの出土遺物は石製鎚(石製打割具)のみで，その形状は縄文石器に類似するが，扁平な長方形自然石の先端部の加工品である。
　暦年代12世紀半ばと判定された12号水銀採掘坑は露天掘りであること，露天掘り具としての石製鎚が12本も出土していること，坑口の中では最も高い位置にあることなどの状況を勘案するに，辰砂露天掘りの最後に当たるのではないかと考えられる。そして，丸山口水銀採掘坑口の発掘されたなかでは，最古の採掘坑口である。三重県松阪市太田・臼ケ谷遺跡における露天掘り凹みに類似し，石製鎚は同種の石器と捉えることができる。露天掘り採掘は弥生・古墳・奈良・平安へと続き，平安末で坑道採掘が開始されたと推察できる。
　269基以上の辰砂採掘坑口・坑道の編年は大変興味の湧くところであるが，今日の材料のみでの編年は難しい。奥義次氏の教示によれば，山岳の高い位置に開口する坑口は古く，下方の坑口は新しいということであった。最下段の坑道には広い幅のものが見られ，坑道の途中に空気穴を持つものもある。坑道はかなり長く，坑道同士が交差もしており，これらは最も新しく，中世末か近世初頭の坑道と思われる。
　伊勢丹生辰砂・水銀鉱山の採掘口や坑道は多くが中世に営造されたものであり，近世・近代における採掘は例外である。ただ，個々の採掘坑口・坑道の稼働時期を決定付ける資料には欠けており，坑道内調査によって採掘時期を示す資料の発見に期待したい。

〔註〕
1)西村和兼『丹洞夜話』第1巻(『三重県史談会会誌』所収)30p
2)奥義次「朱の開発について」『勢和村史』通史編　1999　勢和村
3)山中為綱『勢陽雑記』(『三重県郷土資料刊行会叢書』)313p
4)①『近畿自動車道尾鷲勢和線(紀勢〜勢和間)埋蔵文化財調査概報Ⅰ』
　　2000　三重県埋蔵文化財センター
　　②『勢和村水銀採掘跡発掘調査報告』2004　三重県埋蔵文化財セター
5)伊勢水銀坑口分布地には，斜面下端や凹み部分に岩石が山と積まれたところが沢山あり，奥義次氏の教示によれば，坑口調査の際，坑

II. 朱丹の諸問題

口を岩石で人為的に塞いだと思われるこれらの積み石山は坑口には加えなかったということであり、坑口数は優に500基を超えると予測している。

2. 豊後辰砂水銀鉱山

『豊後風土記』に「丹生の郷郡の西にあり昔時人、此の山の沙を取りて朱沙に該てき。因りて丹生の郷といふ。」(『風土記』日本古典文学大系)とある記録は、丹生地名が辰砂の産出したしたことを意味するに留まらず、そこには『続日本紀』文武天皇2(698)年条の「豊後眞朱」の産地であることも推量せしめている。そして、「常陸・備前・伊予・日向四国朱沙」と記され、「眞朱」と「朱沙」を区別して明記されている。

豊後国海部郡には丹生郷など4郡があり、丹生郷は前期旧石器遺跡としてかつて話題を呼んだ丹生遺跡群の位置する地域から臼杵市丹生島に至るかなり広い地域を含み、中央構造線の通る所と重なっている。この地域は九州南部水銀鉱床群の一部でもある。

豊後丹生の辰砂は8世紀から9世紀、さらには10世紀に至っての採掘かと思われ、伊勢に比べれば小規模採掘であった。この推定時期の稼働であれば、露天掘りであった筈だし、露天掘り跡が今日も残存していると思われる。

豊後丹生地域の中央には丹生川が流れ、中流域右岸に丹生神社が祀られている。左岸台地は丹生遺跡群であり、そこには「丹生」と「丹川(あかがわ)」地名が含まれている。丹生川の水源地帯の赤迫には、江戸時代に造られたと言う赤迫池が豊富な灌漑用水を溜めており、別府大学教授の田中裕介氏によれば、池水が少なくなった時、池底全体が赤味を帯び、この状況を2度ほど体験されたと言う。これが「赤迫」と言う地名の起こりであろうと本人は納得されていた。このように豊後丹生には辰砂の赤に関わる名称が多く、この点からも辰砂産出が充分予測できる。

1961年(昭和36)年3月末から4月にかけて松田寿男先生一行が豊後丹生の踏査を実施された。松田先生は6地点の土壌を採取し、「豊後丹生地域の土壌分析値」を得た。同行した野村鉱業所技師は赤迫で辰砂の結晶を捉えた。丹生郷の東南のはずれに当たる臼杵市丹生島では北側断崖の舟付き門の辺りで水銀の鉱染を受けた粘土層を確認した。豊後丹生の奥ケ原にはニッケ

豊後丹生地域の土壌分析値

採取地	水銀含有
奥ケ原採取	0.006%
丹川採取	0.0040%
丹生神社境内	0.098%
屋山山王神社境内	0.0020%
火振阿蘇社境内	0.0018%
臼杵市丹生島	0.0015%

ル鉱採掘の丹生鉱山が営まれ，今も廃坑が口を空けている。このニッケル鉱には多量の辰砂を伴っていたと言われる。

松田寿男先生一行の豊後丹生踏査の結果，水銀産地であることが科学的に明らかにされた。その地域は丹生川右岸丘陵地帯で，左岸の丹生遺跡群の所在する丹生台地ではなかった。丹生台地には古墳が点在し，野間古墳群を形成しているが，松田寿男先生は延命寺古墳出土朱丹を入手し，分析の結果水銀 1.77％の低い水銀含有であった。

原石「朱沙」碑（口絵4）とよばれる自然石が豊後丹生神社境内に立てられている。その由来記には次のように刻まれている。

　　往古　白鳳時代文武天皇二年（西暦六八九年）丹生郷より朱沙を
　　朝廷に献上している地方を赤迫といい，これが「丹生」地名の起源
　　といわれている。
　　　その原石の一つが丹生神社の社地（佐野山）に据えられているの
　　である。尚この原石こそ丹生大明神の御神体ではないかとの説もあ
　　る。
　　　大正・昭和初期の頃まではこの原石を削り水に溶いて眼病の薬と
　　したといわれている。
　　　現在神仏同様に榊を立てて清水を供えて拝している人々もいる。
　　　　平成十三年十二月吉日
　　　　　　　　　　　　　　　　　　　　　　総代　太田範男書

また，後藤嘉澄は「由来記」とは異なる次のような記録を残している。

　　　昔，村に天然痘が大流行しました。村人は，朱沙を削ってお守り
　　にすると病気にかからない。飲めば必ず病気がなおるということで
　　朱沙を大事にとりあつかいました。私の父，大正や昭和のはじめに
　　かけて，石碑を削り取って行く人が多いことに気づきましたので，

Ⅱ．朱丹の諸問題

「お参りするだけで充分ですよ」と注意しました。その後，この朱を削ることがなくなりました。当初は石を削って飲んでいたようです[1]。

原石「朱沙」碑は地上部分高さ117cm，上方の幅約51cm，下方の幅約97cmで，厚さ最大で約28cmである。全体に赤みを帯びた割り石で，表裏とも削った跡は確認できなかった。削れるほど柔らかい石ではない。打ち割ったものであれば，その可能性はないとは言えない。「朱沙」原石と呼ばれているが，赤味は辰砂の朱色ではなく，赤鉄鉱と思われる。

豊後丹生神社の地籍は大分県大分市大字原字宮ノ原567番地で，丹生川右岸中流域段丘下段に位置している。「丹生神社御由緒」によると，祭神は罔象賣神・丹生大明神・建岩龍命・二ノ宮大明神の四柱である。本殿正面には「丹生大明神」の額が掲げられている。本殿に隣接して稲荷社が置かれ，段丘頂上には元宮跡があって，そこには近傍から集められた石仏群を安置した堂宇が建てられている。堂宇の基壇は白色粘土で方形に固められ，この基壇には現存する建物とは異なる堂宇があったものと思われた。

丹生神社の祭神は本来丹生都姫であり，豊後丹生神社も例外ではない。丹生都姫は水銀・辰砂の産出を司る女神として辰砂産出地では広く祀られており，宮司には丹生氏が多い。豊後ではいつの頃からか丹生氏ではなくなった。

丹生神社境内の土壌分析では0.098％の水銀含有を示し，丹生神社は水銀鉱床群の上に創建されたものと理解される。元宮跡とその斜面の調査は2005年8月と2006年2月の2度に亘って実施し，斜面山林に残る段々畑状の平坦面は人工のものであるとの判断に達した。丹生神社の現宮司や総代の長田宰氏，また同席されていた赤迫始め各区長に取材し，斜面は神社林であり，開墾されたり，畑にされたりしたことは無かったと言うことであった。

2月の再調査は山林のがさ藪は綺麗に刈り取られ，斜面観察には最適状況であった。棚田状の平坦面は幾重にも重なり，4～5段を確認でき，人工整地であることは明白であった。その幅は2～3mで，長さは20m位ではないかと思われる。この平坦部の段に崩落部のあることは前年の踏査でも確認し，坑口群の存在を推察せしめていた。2006年にはがさ藪が無くなったことによって崩落部は横穴入口であることが観察できた（口絵7）。

2006年2月の現地踏査前日夜の大分市内は大雨で，丹生神社下端の水田

[7] 中世辰砂水銀鉱山遺跡と水銀製錬

水路の水流は激しく，流量は多かった。それらは元宮斜面から流下する水がまとまった結果で，斜面のあちこちに地下水の湧水が見られた。平坦部の崩落部から湧出する水もあり，水溜りになっている崩落もあった。崩落による凹みは斜面全体で数ヵ所確認でき，湧水や水溜りとなった崩落部には人工による横穴入口が顔を出していた。その幅1mほどで，高さは水が溢れていて不詳，ただ天井はドーム状を呈し，石英などの岩石層が掘削された状況が観取できた。長い竹竿を横穴に差し込むと，竹竿はほとんど潜ってしまい，奥行きはかなりあることが分った。このため，棚田状平坦部の崩落はいずれも人工横穴入口と思われた。横穴の中にはその途中が崩落して坑道状を呈しているものもあり，横穴は斜面全体で10基以上に達するのではないかと推量できた。

これらの豊後丹生神社元宮斜面の状況は伊勢丹生における辰砂・水銀採掘坑口と同種の形状であり，横穴入口の分布状況も伊勢丹生坑口に類似し，豊後丹生神社元宮斜面の横穴群は中世辰砂・水銀採掘坑と判断でき，古代の露天掘り跡も丹生川流域に所在するものと思われた。

〔註〕
1)後藤嘉澄「朱（朱沙）の石」『白水郎―坂ノ市地区文化史研究会報』
　第4号　1985.3　坂ノ市地区文化研究会

3. 辰砂水銀の採掘用具

徳島県阿南市若杉山辰砂鉱山遺跡は，弥生時代～古墳時代前期に稼働していた鉱山で，発掘調査を実施しても露天掘りや採掘坑は確認できず，また当然切羽も発見するには至らなかった。採掘具は専ら石器に頼り，大・中・小の3種の石器が知られた。採掘には大型の石杵が用いられ，中・小型は主として粉砕・製粉用であった。この若杉山辰砂鉱山遺跡出土石杵と伊勢丹生辰砂・水銀鉱山との間における採掘用具に共通するところは，砂岩自然石製石器という点であり，大型石器の形状は異なっている。若杉山辰砂鉱山遺跡出土石器は石臼・石杵と呼ばれ，伊勢丹生辰砂・水銀鉱山遺跡では石製鎚（調査者は石製打割具）と命名されている。三重県太田・臼ケ谷遺跡出土石器は敲石・磨石と呼び，丹生丸山採掘坑跡群12号坑口出土石製鎚と形状は類似

II. 朱丹の諸問題

するところ多い。いずれの石器も辰砂採掘に利用されたことは間違い無く，名称としては辰砂採掘砕石用石器が望ましいが，長たらしい。

石製鎚（石製打割具）は「隅丸の長方形で扁平な形状」を呈し「一端に使用痕が見られる」[1] ものが大部分である。使用痕とは敲打に使用されたことを意味している。石製鎚（石製打割具）の大きさは大・小 2 種に分かれ，大は 1,500g で長さ 17cm，小は 700g で長さ 15cm である。この石製鎚（石製打割具）を掌に握って辰砂を掘削（敲打）するには軽すぎ・小さすぎの感は免れない。その「扁平な形状」と「一端に使用痕」の特徴から推量される使用法は，短い柄を付け，そこによって打撃力を強められたのではないかと思われる。徳島県若杉山辰砂鉱山遺跡出土石杵の場合は棒状であるから，柄は付け難い。伊勢丹生石製鎚（石製打割具）は弥生〜平安の所産と推定している。

中世辰砂・水銀の採掘には，補助的な石器使用の可能性は否定できない。鉄製採掘具としては丹生神社に伝世する「金山鎚」2 種 4 挺（口絵 8 上段）が知られている。それは鎚部が一つは槍状（別名つるはし状，A 種）で，他は金鎚状（B 種）を呈している。勢和村ふるさと交流館展示解説では，A 種を「金山鎚槍」，B 種を「金山鎚」と称して区別している。

金山鎚A種（図 28-1）は柄の長さ（全長）52.5cm，鎚部長 16.8cm を測り，鎚部の正面に「丹生大明神」，側面に「丹生□□□□□作」・「正保二年酉八月吉日」と鏨彫りされ，他の金山鎚Aには，「丹生大明神」・「鍛冶丹生善衛門作」・「正保酉二年八月吉日」とある。

金山鎚B種（図 28-2）の柄の長さ 37.3cm，鎚部 8.4cm，打面径 2.0 を測り，正面に「高野大明神」，側面に「鍛冶青木才三良」・「正保二年八月吉日」とある。他のB種金山鎚の鎚部鏨彫りは「丹生大明神」・「鍛冶久保善四郎」・「正保二年酉八□□□」である。

丹生神社神宝として伝世されてきた金山鎚 4 挺は，正保 2 (1645) 年 8 月に地元の山師が辰砂・水銀の産出を祈願して奉納したものであり，それは伊勢丹生辰砂・水銀鉱山の枯渇が続いていた時期でもある。しかし，17 世紀半ば以降には辰砂・水銀の再産出は無く，代って射和の軽粉製造が盛んになっていったと思われる。

また，『七十一番歌合』の「五十七」番に「汞ほり」の図（図 28 左）が掲げてあり，その人物の持つ鍬は柄の長さが 110cm を超えると推測され[2]，鉄

7 中世辰砂水銀鉱山遺跡と水銀製錬

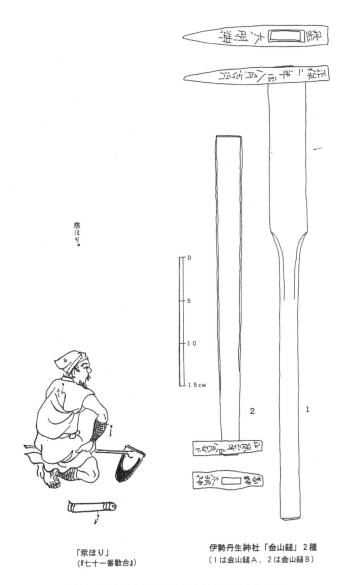

「汞ほり」
(『七十一番歌合』)

伊勢丹生神社「金山鎚」2種
(1は金山鎚A, 2は金山鎚B)

図28 伊勢丹生採掘夫と丹生神社所蔵「金山槌」

II. 朱丹の諸問題

製鍬先は円形を呈し，岩石掘削には不適な形状である。鍬では露天掘りの岩石収集に用いることができる程度と推察され，「汞ほり」には用いられなかったと思われる。

丹生神宮寺には辰砂の運搬具と認められる「金山籠」と「金山桶」が伝世している。籠は小形で，径29.5cm，高12.0cmを測り，上端円形・底方形を呈している。桶は径26.5cm，高25.0cmで，縄が十文字に掛けられている。「金山桶」には寺では辰砂と伝える小砂利状の砒素（鶏冠石）が半分くらい詰まっている。

辰砂水銀の採掘具の石器製は古代，鉄製は中世に分けることができそうである。その境目は14世紀ではないか。丹生丸山採掘群12号坑口出土石器は11世紀後半〜12世紀半ばの所属と判断され，最も新しい石器に入る。そして丹生神社に伝世する金山鎚は17世紀半ばの製造で，石器から鉄器への移行は13世紀と推察される。

〔註〕
1) 小濱学「遺物」『勢和村水銀採掘跡群発掘調査報告』2004.3 三重県埋蔵文化財センター
2) 「七十一番歌合」（『群書類従』巻503）576p

4. 辰砂水銀の採掘法

古代辰砂採掘法には①溝掘り法，②竪穴法，③犬走り掘り法の3種があり，古代伊勢丹生では②の方法であった。小濱学氏分類のB類の坑口は②にあたり，平面的な採掘坑であり，露天掘り跡であった。B類分類の5-1号，5-2号，12号からは石製鎚（石製打割具）が多数出土しており，このことと強い関係があるものと認められる。

AⅡ類坑口には坑道が無く，若干の奥行とそれに伴うテラスが掘削されたものであった。この種の坑口は辰砂・水銀の本格的採掘が行われなかった結果と思われる。恐らく，辰砂鉱床は表土層を除くと露出し，それを追っての採掘が始まり，露天掘り形成以前に水銀鉱床を掘りつくしたのではなかろうか。AⅡ類の坑口7-1号，7-2号，13号などからは石製鎚（石製打割具）（図27）が出土しており，B類と共通する。

7 中世辰砂水銀鉱山遺跡と水銀製錬

　石灰岩などの崩れ安い岩石層に向かって，石製鎚（石製割具）を使用しての辰砂・水銀採掘は，坑道を構成することは不可能であったと推察できる。岩石を敲き割る掘り方では岩石層の天井を作ることは難しく，露天掘りであり，それは②竪穴法であった。この方法による辰砂採掘が弥生時代から平安時代まで続いたと言えよう。

　中世の辰砂・水銀採掘法は『山相秘録』に「金銀山ニ説キタル如ク，栗丸太ヲ以テ，揩木ヲ立テ，棟梁ヲ架シテ，上ヲ崩壊ザエウ備ヲ為シ，次第ニ其苗ヲ遂テ前進シ，地ヲ穿ルコト数十丈ニ至ルモ可ナリ」[1]とあって，金銀採掘法と同様に捉えられている。しかし，伊勢丹生における近代稼働鉱山は別にして，近世でも材木を組んで落盤を防いだ坑道は知られず，全て素掘りであった。豊後丹生の場合も，坑道口からの観察では素掘りと見られる。

　坑道採掘法は『今昔物語集』に取り上げられ，それは古くからの辰砂・水銀採掘法であったことを示している。AⅠ類坑道の高さは1m以上×幅1m以上が多く，延長は入坑困難だから不明である。小濱学氏は7～8mを潜ってみたとのことであった。坑道は薄い辰砂鉱床を追いかけての採掘の結果形成されたもので，通気不良や地下水に当たれば放棄されたものであろう。

　A種「金山鎚」は全長52.5cmであるから1×1mの大きさの坑道でも充分振り回せる。また，採掘岩石運搬用の「金山籠」も坑道規模に合ったものであった。数十メートルの長さの坑道もあったわけであるから，坑道同士が交差することもあり，一ヵ所落盤でも外へ出られたこともあった。『丹洞夜話』掲載の「巳下長井浄連記」には落盤事故で3人のうち1人が死亡したことや救出された話がいくつか載せられている。また，坑道に入っていることを示すために坑口に広げられた半纏が，何日も風に吹かれていたとの伝承も残されている。

　以上のように中世伊勢丹生鉱山の坑道から推察される「金山鎚」は，A種金山鎚と思われる。AⅠ類坑口の坑道採掘はA種金山鎚で辰砂を掘削し，岩盤を崩落させると，B種金山鎚で岩盤を砕き，搬出しやすい大きさにする。打砕された岩石は坑道に2～3m間隔で設けた径2m位の広場に「金山籠」を使って引き上げられ，さらに「金山籠」などに入れられて坑道外へ運びだされた。採掘に当たっては3人一組で，一人は金山鎚，一人は蝋燭，一人は器を担当した[2]。

〔註〕
1)『山相秘録』水銀第八（『古事類縁』金石部一）
2) 西尾径銈次郎『日本鉱業史要』1943　十一出版

5. 水銀製錬

　伊勢丹生神宮寺に2種3点の水銀釜が伝世している。神宮寺ではそれらを「汞砂器」・「水銀焼土鍋」と呼び，前者の器は木製の蓋付桶で，その中には辰砂と呼ばれてきた鶏冠石の細片が容量の40％位入っており，桶表面は黒褐色で，そこに意味不明の記号と思われる墨書が約10種認められる。

　『水銀焼土鍋』（図29）の羽釜は土師質で，鍔から下方部分は黒褐色を呈し，火を受けていたことは明瞭である。口縁内部に黄色の付着物があり，底には鉄滓様のものがこびりついている。鍋も土師質であるが，外側は全体に黒褐色を呈している。底内部に黄色物の付着が著しい。そこに焼成以前の径3mmの小孔が穿たれている。

　矢嶋澄策先生は黒色の付着物をスートと判断された。スートは水銀製錬の際にできるもので，『水銀焼土鍋』は水銀製錬に供した用具とされた。矢嶋先生は水銀製錬を次のように復元している。

　　神宮寺所蔵の水銀製錬の釜は（図29-1,2）の如きもので，直径7寸深さ4.2寸の「手ヒネリ」で造った素焼き土鍋である。此れに鉱石を入れて下部から熱すると，内部の辰砂から水銀が分離されて，蒸気として出てくる。この水銀蒸気が上昇して来て外蓋の掩蓋につき当たると，冷えた外蓋の為に，水銀蒸気が凝縮を起こし，これが外蓋の湾曲面に沿って滴して来，遂に蓋の外に出て釜の中段にある鍔で受ける様になる。外蓋の中央には径約1.5寸の穴開いていて他の瓦斯の放出口となっている。この外蓋外側は濡れ雑巾か何かで覆って冷却したものであろう。釜の上縁の一部分に約30度の傾斜で面を取ってあるのと，釜の身と蓋とが「木地」仕上げのように完全円でなく御互に凹凸がある為ゆえに蓋をかぶせると相当の隙間ができている。この隙間から水銀滴下するように工夫されているのである[1]。

7 中世辰砂水銀鉱山遺跡と水銀製錬

図29 三重県伊勢丹生水銀製錬具
1,2 丹生神宮寺蔵「水銀釜」と「鍋」
3. 矢嶋澄策先生復元図
4. 市毛勲復元図
5. 丹生神宮寺蔵「汞砂桶」

矢嶋澄策先生模式復元図（図29-3）の基本は羽釜と鍋が上下をなすものと言う点にあり，そのため鍋側を羽釜の蓋にさせ，水銀製錬法を復元した。1983年に指摘させて頂いたことであるが，鍋側を蓋にすると，蓋は釜の中に入ってしまい，水銀を鍔で受け止めることはできない。第一，羽釜の鍔はそのような役目をもって付けられたものではなく，竈に掛ける時に有効なだけである。羽釜の口縁径21.7cmで，鍋の復元径口縁は19.4cmであるから，鍋は釜の中に落ちてしまう。羽釜と鍋の径から復元すると，（図29-4）のようになる。

『丹洞夜話』は水銀製錬について次のように記している。

　　　　　　　鉱ヨリ水銀ヲ取ル法並説
　　鉱種ニ有ル石辰砂モ則鉱ナリ。又青白色ノ石ニ赤脈有ルモノアリ。
　　又山ニ自然ノ水銀アリ，是ハ右ノ鉱中ヨリ自然ト流レ出ル，或堅石
　　ヲ破リ出ルアリ。右ノ鉱ヲ焼取法ハ先ズ鉱ヲ細ク砕キ首ノ細キ徳利

141

II. 朱丹の諸問題

ニ入レ，鮮綿フルスホームヲ以テ口ヲ結メ，亦別ニ口広キ徳利ヲ土中ニ埋メ，此口ヘ初ノ徳利ヲ倒ニ挿ミ合ワセ目ヲヘナ土ニテ塗リ上ニ出シ，徳利ノ四面ニ火ヲ置キ初メ和ラカニ次第ニ強クシテ焼時上ノ徳利ノ鉱ヨリ水銀出テ生綿ヲコシ，下ノ陶へ落ル。徳利ノ内ニ薬ノカカリタル佳和蘭ニテハガラスヲ用ル。

右ハ松崎浦刀襧八兵衛伝也。右小林三郎兵衛へノ口伝之書也。

文化元年申子八月

この水銀製錬法は極めて小規模で，上下二つの土器を使う方法は矢嶋先生復元法に類似している。『丹洞夜話』の図示する土器は上下とも徳利で，上の徳利が加熱される。この水銀製錬法は16世紀まで伊勢丹生で行われていたものと思われ，この方法の口伝が文化元（1804）年に初めて記録されたと言うことである。この方法での水銀製錬は可能と思われる。辰砂を入れた上部徳利が440℃以上に加熱されて，辰砂は水銀蒸気と亜硫酸ガスに分離し，ガスは冷やされた土中の下部徳利に入る。水銀ガスは冷たい器壁で冷やされ水銀粒となって付着し，満杯となった亜硫酸ガスは上下徳利の合わせ目の隙間から外部へ拡散したと思われる。あるいは，亜硫酸ガスは再び上部徳利に逆流したかも知れない。ガス抜きの工夫がなければ，ガス量が上下に一杯になる程度の辰砂が上徳利に入れられていたと推察する。

上部徳利に入れる辰砂の量はどのくらいであったか。図示された徳利の大きさからすれば，一杯にしてもそれほど多い量とは思えず，水銀蒸気・亜硫酸ガスの発生も拡散させられることで人体に危険を及ぼすことが無いように思われる。

上部徳利が大型で多量の辰砂が入れられる場合は，若宮遺跡の土坑に厚い砂礫層が存在することから，次のように復元することが可能であろう。

上部徳利に入れる辰砂量は徳利の半分で，その上に砂礫を入れて満杯とし，下部徳利にも砂礫を入れて上下徳利を合わせる（図32下段）。上部徳利の半分を地上にだし，加熱させる。水銀蒸気と亜硫酸ガスが砂礫層を通過し，その際水銀蒸気は冷やされて水銀粒となって下部徳利の底に溜まる。亜硫酸ガス上下徳利の合わせ目から拡散する。一昼夜を経て掘り起こせば，亜硫酸ガスの危険も少なく，水銀を得ることができる。加熱には一昼夜でも長持ちす

るような堅い木炭を上部徳利・羽釜の上に山のように積み重ねて灰で覆ったものでは無かろうか。製錬中は亜硫酸ガスから身を守るために製錬所には近づかず，亜硫酸ガスの噴出が無くなったことを確かめてから下部徳利の掘り起しに着手したと思われる。亜硫酸ガスは農植物などを枯らしてしまうから，水銀製錬作業は農閑期で，しかも季節風の吹く冬期間に行われたと推察できる。

以上の水銀製錬法を基本に若宮遺跡における水銀製錬法を検討する。まず，遺跡遺構と遺物の実態を明らかにする。

伊勢若宮遺跡は三重県多気郡勢和村大字丹生字若宮に所在し，櫛田川上流右岸の河岸段丘平坦地に営まれた中世水銀製錬遺跡である[2]。そして，伊勢丹生神社・丹生神宮寺の西北方200mに位置している。発掘調査は遺跡地5万m^2のうちの約1.4m×約140mの196m^2で，排水路建設部分のみの狭い範囲であった。それにも拘わらず土坑・溝・柱穴・ピットなど多くの遺構が検出され，多量の中世土器・石器が出土した。

土坑はSK1〜SK35の27基を数え，土坑の形態によってa〜eの5種に分類されている（図30）。a類は断面が擂鉢状を呈するもの，b類は断面がU字形を呈するもの，c類は壁面の一部がオーバーハングしているもの，d類は二段掘り，e類は皿状のもので，a類は4基，b類は5基，c類は5基，d類は4基，e類は9基である。

埋土の種類は基本的には2種あり，主として砂礫で構成の土層と黒褐色系土層が知られ，砂礫の大きさは径約5mmである。埋土種類と土坑形態間の関連は無く，例えば砂礫はa・c・d・e類に見られる。土坑からは川原石の出土が顕著で，大きさは拳大〜人頭大である。川原石には土坑掘削直後に投げ入れられたものもある一方，意図的に配置されて出土した川原石もある。e類のSK30では川原石が規則的に配列され，c類のSK24では土器・石臼が出土し，底直上土層に焼土が混じり，またSK22とe類のSK29でも底直上に焼土が混じっていた。c類のSK16では埋土上層に焼土を多く含む砂層が検出されている。

土坑の利用法や土坑a類〜e類の構造上の相違が何によるかの解明はされてはいない。また，川原石の人為的配置の意味も不明である。

溝はSD2，SD4，C区にSD1があり，SD2とSD4は上層に焼土層がある。

Ⅱ. 朱丹の諸問題

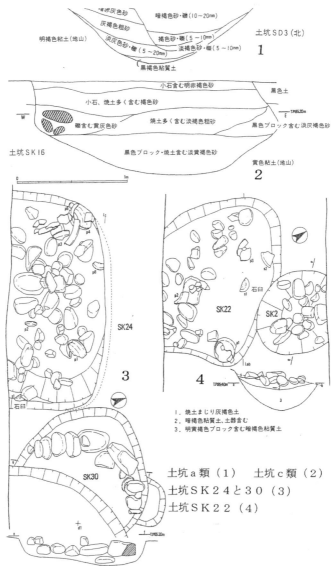

図30　伊勢丹生若宮遺跡の遺構
(『多気郡勢和村丹生地区内遺跡群』掲載図の改変・転載)

7 中世辰砂水銀鉱山遺跡と水銀製錬

溝はトレンチを南北に縦断し，極く一部の検出であったから，全体が把握されていない。

ピットは柱列になるものもあり，2軒分が知られた。AS1の柱穴は掘削後に若干埋め戻され，その上に根石が据えられ基礎とされた。

出土遺物のうち土器類は土師器，陶器，磁器である。土師器は土器の85.7%を占め，その種類には皿・蓋・茶釜・羽釜・鍋・十能・甕・炮烙があり，鍋はA・Bの2種に分かれている。土師器出土点数の中心は鍋と甕（図31）で，鍋Bは鍋のうちの85.5%に達する。鍋A・Bとも外面の煤が付着するものが多く，火熱を受けたと推定される。鍋Bは5型式に分類されている。

No.103の土師器甕Aは底部を失うだけでほぼ完形ある。その口縁径30.9cmを測り，胴部から立ち上がった頸部が口縁で開き，端部は直立の面を有する。このような器形は若宮遺跡以外に出土例はないと言われる[3]。No.103甕の内側中央部位に焼成後の黒色付着物（墨書？）が見られる。この黒色付着物の上方は薄い黒褐色の付着物，下方は赤褐色に変色または白灰色の厚い付着物があり，同じ部位の外側には火熱を受けた結果と思われる白灰色への変化が認められる。この種の土器について内側付着物・胎土・外側付着物（口絵8下段）の強酸分解原子吸光光度法による定量分析が行われ，その結果内側付着物には水銀濃度が高く（20.9ppm），砒素は4450ppm，胎土（砒素26300ppm）と外側付着物（砒素21400ppm）には高い砒素濃度が検出された。土師器・陶器・磁器はそれらの諸特徴から16世紀前半代に比定されている。

石製品には石臼と擦痕のある川原石（図31石器1, 2）がある。石臼は10点以上出土し，それらは花崗岩質扁平な円形川原石で，径15～20cmを測る。その上下両面は凹レンズ状を呈し，それぞれ使用痕が認められる。擦痕のある川原石3点は砂岩質扁平で，擦痕は平面である。石臼と砂岩川原石の形状は異なるが，どちらも臼の機能を持っている。石臼は中央から全て割れており，敲かれた結果と判断される。

伊勢若宮遺跡では10点余の石臼が出土しているにも拘わらず，臼と対になる杵が発見されていない。土坑からは多くの大小川原石が出土しているところを見ると，それらのなかには石杵に利用された石もあるのではないかと推察される。

調査担当者の伊東裕偉氏は①土坑の多いこと，②礫群の規則的配置土坑と

Ⅱ. 朱丹の諸問題

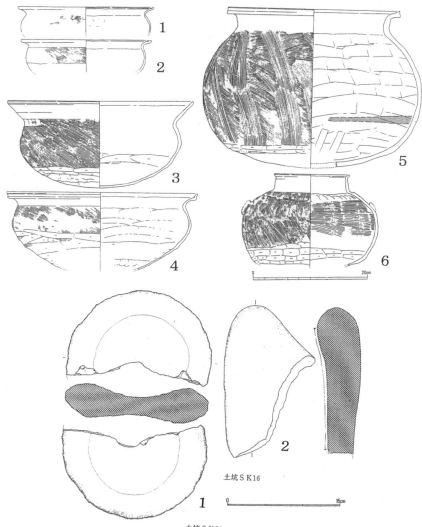

土器の1・2は鍋A, 3・4は鍋B, 5はNO103の甕A, 6は茶釜A
石器1は石臼, 2は擦痕のある川原石

図31 伊勢丹生若宮遺跡出土の土器・石器
(『多気郡勢和村丹生地区内遺跡群』掲載図の改変・転載)

⑦ 中世辰砂水銀鉱山遺跡と水銀製錬

砂礫埋め土坑が発見されていること，③砂礫層には焼土や木炭を含んでいる場合があること，④埋土の砂礫は川砂ではなく角ばった砂なので，人為的破砕を受けていること，などを特色として挙げている。そして，出土遺物の特質を次の5項目に纏めた。

① 人為的に破砕された砂礫（5〜10mm大）
② 土器の構成で煮沸形態のものが圧倒的に多く，
③ 当遺跡に特徴的な土器があり，
④ 他の遺跡にはあまりない粗製の石臼があり，
⑤ 成分中に砒素が多く含まれる物質の付着した土器である。時期的には16世紀前半代頃と限定した。

これらの結果を踏まえ，16世紀の水銀製錬に関わっていた遺跡と決論付けた。

　これらの若宮遺跡における遺構・遺物の諸特徴を基に水銀製錬法について検討・復元を試みる。

　伊勢若宮遺跡は狭い範囲の発掘にも拘わらず，検出された土坑は27基にも達し，それら5分類の土坑は水銀製錬遺構であることを強く感じさせる。土坑は上下組み合わせた製錬土器1組を埋設するために掘削され，土器を安置した後に地平より低く覆土された。逆さまになって底部を露出する辰砂を充填した甕または壺を炭火で囲み加熱する。製錬土器の大きさや形態によってa・b・c・d類の土坑が掘削され，e類は石臼・石杵をもって辰砂の製礫を行うには好都合の形状である。

　土坑内の砂礫層は水銀ガスの冷却と亜硫酸ガスの拡散に用いられた砂礫の残存と考えられる。川原石は辰砂砕石の台石や製礫用石杵に用いられたであろう。花崗岩質石臼は言うまでもなく，辰砂製礫に供された。土坑底に人為的配置の川原石は製錬土器の固定を目的としたものではなかったか。

　出土遺物の肉眼観察では，No.103甕（図31-5）と同種器形のNo.104（底部のみ）及び参考資料（底部のみ）の内側に幅広い水平線状墨書（？）が囲繞し，数個の甕底部破片にも墨書が確認できた。破片では墨書の上下輪郭部が漸次薄くなり，No.103甕の墨書のように輪郭が明瞭ではなく，墨書と認める判定には難しいものがある。これらの墨書には厚みを感じさせ，鍋底外側の付着煤に類似している。No.103甕内部の墨書とそれに連続する口縁にまで認

II. 朱丹の諸問題

められる褐色（濃いねずみ色）付着物は水銀製錬に特有なスートではないかと思われた。

全ての甕底部内側の墨書（煤か）下方全体には厚い白灰付着物があり，その表面に細かい砂粒（石英など）が認められ，また加熱を受けて赤く変化し，表面泡状になった付着物の破片も数点確認できた。したがって，墨書下方全体に塗られた付着物は粘土と判定でき，この粘土は軽粉（伊勢白粉）製造に必要な「実土（赤土）」と呼ばれるものではないかと思われ，水銀製錬の触媒としての役割を担ったと推察している。

茶釜Aは2個体が復元されており，No.31は外側に煤が無く，内側に煤が付着している。さらに口辺端にも認められているが，報告書では煤についての記述はない。No.32については「外側にスス」と記載されている。この茶釜の外側には煤が付着し，加熱跡と思われるものも見られ，内側は黒褐色（濃いねずみ色）に変化しており，茶釜は水銀製錬に利用されたものと思われる。

出土した土師器のなかで鍋の占める割合が最も高く，鍋B（図31-3,4）が鍋全体の85.5％であった。多くの鍋は底部外側全体に煤の付着が著しく，火焔を受けたことは明瞭である。しかし，丹生神宮寺蔵鍋のように底に焼成前穿孔のあるものは全く見出せなかった。鍋の竃への掛け方がどのようであったか，煤の付着状態からの推量は困難であった。

No.51の鍋B2のみは煤が内側に付着し，外側に無く（報告書では外側にススと記載）No.29のB4大型鍋は内外共に煤の付着は認められなかった。煤の付着状況から鍋の使用方法は①外側に火焔，②内側に火焔（1例），③内外とも火焔跡なし（若干例）の3種に分けられた。

このようにほとんどの鍋外側は加熱を受けたことが明瞭であるが，鍋で辰砂を焼くには上部に水銀蒸気・亜硫酸ガスを集める土器との組み合わせが必要である。丹生神宮寺蔵の場合，鍋と羽釜の組み合わせが推定されており，鍋にガス抜きと思われる小孔が穿たれている。『天工開物』の示す水銀製錬法[4]の小規模版と言えようか。若宮遺跡では鍋との組み合わせ土器が不明である。

一方，No.103などの土師器甕は水銀と砒素の付着が確認されており，水銀製錬に利用されたことは明瞭で，『丹洞夜話』記録水銀製錬法の上部徳利に相当すると認められる。下部徳利は鍋でも甕でも充分にその用途に耐えられ，底に水銀粒が溜まったと思われる。つまり，辰砂礫をNo.103甕内部に塗られ

7 中世辰砂水銀鉱山遺跡と水銀製錬

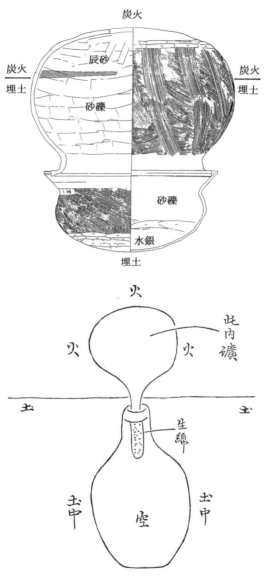

上段図の上甕は甕A　下の鍋は鍋B，下段図は『丹洞夜話』記録の水銀製錬法

図32　伊勢丹生若宮遺跡における推定水銀製錬法

た粘土の範囲まで入れ，その上方には砂礫を詰めて下部土器と組み合わせる（図32上段）。下部土器には煤の付着のないNo.29のような大型鍋が利用されたと考えている。この擂鉢状（a類）やU字状（b類）に掘削した土坑に埋設する。水銀蒸留は土中と砂礫の両方から冷却されて水銀粒となり，比重14.5gもあるから砂礫層を通過して下方へ落ちて行き，鍋底に溜まる。

　亜硫酸ガスの噴出することが終わり，製錬土器が冷えたことを確認すると，土器を掘り出して内部の砂礫を除去，下部土器底に溜まった水銀を水銀壺（甕）に集める。水銀採集が終了すると，再び辰砂の製礫を行い，辰砂礫を上部土器に入れ，製錬作業を開始する。

　伊勢若宮遺跡における中世水銀製錬法とその作業工程を復元すると，次のようであったと推定している。

　　砕石（鉄鎚の利用）→選鉱（ズリ廃棄）→辰砂塊からの製礫（辰砂砂礫化に石臼・石杵利用）→砂礫と辰砂の選別（砂礫廃棄または再利用に向け保管）→甕底部内側に触媒の粘土貼り付け・乾燥→甕を逆さにして上下土器を接合→土坑内に製錬用組み合わせ土器（甕と鍋）の埋設→上部甕上に炭火積み→一昼夜400度以上加熱→水銀蒸気・亜硫酸ガスの自然冷却→水銀粒下部土器に落下・滞留，亜硫酸ガス拡散→上下製錬用土器の掘り起し→水銀採取

　〔註〕
　1）矢嶋澄策『日本水銀鉱業発達史』1946　野村鉱業所
　2）伊藤裕偉『多気郡勢和村丹生地区内遺跡群』（『三重県埋蔵文化財調査報告』88-1 所収）1889　三重県教育委員会
　3）小林秀『丹生若宮遺跡』（『勢和村史』通史編所収）1999　三重県勢和村
　4）藪内清編『天工開物の研究—天工開物釈文・原文』1955

6. 伊勢白粉

　伊勢白粉とは軽粉のことで，「はらや」とも呼ばれ，純粋な塩化第一水銀のことである。松阪市射和で製造されていた。15世紀〜16世紀半ばには窯元83株を擁し，その後16株に減じ[1]，16窯元は明治まで続いた。明治中頃から次第に廃業する窯元が現れ，1917（大正6）年2月大西源一の調査では，国分・

宮田両家の窯元のみで、宮田釜も1953（昭和28）年8月には軽粉製造を止め[2]、宮田家はそれまで使用していた軽粉製造具一式を松阪市に寄贈された。それらは現在松阪城内の松阪市歴史資料館に収蔵・展示されている。ここでは薬石としての軽粉の製法や全国販路などを具体的に知ることができる。

　伊勢白粉は江戸時代お伊勢参りのお土産品として珍重された。女性の化粧料としては「伊勢土産品」として貴重品であり[3]、薬用としては16世紀から流行する梅毒の駆梅剤として服用され、毛じらみ取りには効果があった。

　伊勢白粉の出現はいつになるのか、今日明確ではないが、小名狂言の『素襖落』には伊勢参りのお土産に「まずこなさ様へはめでとうお祓い、奥様へは伊勢おしろい、わこ様方へは愛らしゅう笛を上げましょう」[4]と言うくだりがあり、室町時代には化粧料として普及していたことが分る。『今昔物語集』の巨富を築いた水銀商人の扱った「水銀」とは伊勢白粉ではなかったかと思われる。考古学資料としては、滋賀県野洲郡中主町八夫遺跡出土がある。この遺跡から平安時代後期の木棺墓が発見され、副葬品としては木箱が出土、中に白磁小壺・白磁椀・箸などが納められていた。白磁小壺には水銀粒状の白粉が3分の1残っていた。白粉は伊勢産であったと推定できる。平安時代にはすでに広く普及していたことが知られる。和歌山県の熊野神宮には平安貴族が奉納した化粧調度品一式が保存され、その中に伊勢白粉があると言われており、伊勢白粉の製造は9世紀にまで遡ると言えよう。

　〔註〕
　1）大西源一「日本産水銀（特に伊勢水銀）の史的研究」『考古学雑誌』
　　8-10,11,12　1918.　日本考古学会
　2）山崎宇治彦・北野重夫『射和文化史』1956　三重県射和村教育委員会
　3）宗田一『日本製薬技術史の研究』37p　1965　薬事日報社
　4）『狂言集』上　日本古典文学大系　岩波書店

7. 丹生水銀座と朱座

　水銀座は建久年間（1190年代）に最初の市座記録として現れ、藤原氏を本所として成立していた。13世紀には水銀座商人は丹生を中心に活躍していたようである[1]。従来、伊勢神宮を本所としていたとする諸説が流布して

II. 朱丹の諸問題

いたが,小林秀氏の所論で藤原氏との関係が明らかにされ,最近は前述のように理解されている。

伊勢水銀の産出は鎌倉時代には一層盛んになり,東大寺盧舎那大仏再建造立に際しては,大中臣から「水銀二万両を以て(後白河)法王に」「(水銀)一万両は大仏に」献上した記録が残されており[2],そして,この水銀は大中臣の旧宅から掘り出されたとあるので,辰砂の製錬ではなく,水銀そのものが湧出したものであったのであろうか。この種の伝承は『丹洞夜話』にも残されている。

中世伊勢丹生における豊富な水銀産出量も17世紀には急速に衰え,伊勢白粉の製造原料確保も充分とは言えなかったのではなかろうか。この時期にはオランダからの輸入水銀が伊勢白粉の主な原料であった。

朱座の記録は天文11(1542)年の「朱屋」が初見と言われ,専門商人は早くから存在した[3]。日本での水銀製造は商人小田切四郎で,慶長14(1609)年に幕府から水銀朱製造及び販売の独占権を許され,「朱座」を設立した。子孫は代々水銀朱の製造販売に従い,堺の宿屋町の大道東側角に居住した。博多の商人満田助右衛門も水銀朱製法を中国で学び,江戸初期に博多で水銀朱製造を始めた。しかし,17世紀半ばには幕府の命により満田の水銀朱製造は禁止された[4]。

朱座は堺に設けられて間もなく,江戸・京都・長崎・大阪・奈良などの天領各都市に設けられ,幕府は水銀朱の製造販売を朱座商人に独占させた。水銀朱と区別された天然辰砂についても厳しく統制した。水銀朱は朱墨・朱印顔料,将軍を始めとする上級武士一族の遺骸防腐剤として利用された。

〔註〕
1) 小林秀「水銀商人と水銀座」『勢和村史』通史編　1999　三重県勢和村
2) 松田寿男『丹生の研究―歴史地理学から見た日本の水銀』1970.11　早稲田大学出版部
3) 『日本史大辞典』朱座
4) 宗田一『日本製薬技術史の研究』　1965　薬事日報社

8 朱丹と古典

1.『古事記』と朱丹伝承

　『古事記』には朱丹に関する神話・伝承がいくつか残されている。いずれも神話の世界に属するものではあるが、現実の地域・地名の起源に関わるものが多く、産地同定や朱丹の呪術を知る上で重要な史料となっている。

　松田寿男先生は『古事記』中巻掲載神武天皇東征における次の吉野での伝承を取り上げられている[1]。

　　　其地より幸行でませば、尾生る人、井より出で來りき。其の井に
　　光有りき。爾に「汝は誰ぞ。」と問ひたまへば、「僕は國つ神、名は
　　井氷鹿と謂ふ。」と答へ曰しき。此れ吉野首等の祖なり。即ち其の
　　山に入りたまへば、亦尾生る人に遇ひたまひき。此の人巖を押し分
　　けて出で來りき。爾に「汝は誰ぞ。」と問ひたまへば、「僕は國つ神、
　　名は石押分之子と謂ふ。今、天つ神の御子幸行でましつと聞けり。故、
　　参向へつるにこそ。」と答へ曰しき。此は吉野國巣の祖。(『古事記
　　祝詞』日本古典文学大系)

松田先生の見解は「井光」とは水銀採掘坑の形容で、自然水銀が坑壁や底で光る状況を指していると言うものである。そして、「尾生る人」とは腰に尻当てを紐でぶら下げた水銀採掘者と理解された。吉野・宇陀地域は言うまでもなく、辰砂・水銀産地であり、水銀採掘の伝承と言えなくもないが、採掘方法と採掘時期が特定されていないので、直ちに首肯することもできない。辰砂・水銀の採掘が3人1組であることは、『今昔物語集』の説話に明らかで、水銀を必要とした時代はアマルガム鍍金が盛んになる6世紀からであり、5世紀・6世紀では辰砂採掘に限り、「井光」が水銀であったにしても坑道かどうか疑問が残る。

　さらに辰砂・水銀の坑道採掘は中世に入らないと開始されないことを指摘でき、本書で明らかにしている。ただ、辰砂・水銀産地の吉野を舞台にした伝承は、強い関心を抱くものである。

　神武天皇の東征は吉野から宇陀に至り、宇陀では宇迦斯兄弟を平らげようとした時、兄宇迦斯は反抗し、謀略によって道臣命らを逆襲しようとしたが、自らが仕掛けた罠にかかり命を落とした。

II. 朱丹の諸問題

　　　乃ち己が作りし押に打たえて死にき。爾に即ち控き出して斬り散
　　　りき。故，其地を宇陀の血原と謂ふ。(『古事記　祝詞』日本古典文
　　　学大系)

血液が赤いことは言うまでもなく，「血原」とは血液のように赤い色の土壌や岩石が散乱する様を表現したもので，恐らく宇陀の地域には表土に辰砂岩石が散在していた時期があり，それはあたかも血液が散った結果と思われた。このことによって「血原」という地名が生まれたものと思われる。

　第二次大戦中に大和水銀鉱山を経営していた帝国鉱業開発株式会社の技師清水米治（東大鉱山科大正3（1914）年卒）の教示によれば，清水は会社の命で宇陀から多武峰の一帯の鉱業資源を調査し，露頭水銀鉱床群を宇陀の各所に発見した。水田の底の土を採取・水洗いすると，必ず辰砂粒が5～6粒検出できた。この清水からの手紙内容を矢嶋澄策先生に検討してもらい，正しいことが確認できた。この事実から宇陀には多くの辰砂粒が散在していたことが分る。

　『古事記』には大物主神が「丹塗矢」に変身して娘を孕ましたことや娘が孕んだ子が何者かの証明に「赤土を床の前に散らし」，神の子であることが確かめられた神話などいずれも朱丹の呪術と認められる。

　　〔註〕
　　　1) 松田寿男「丹生考」『古代学』6-1　1957.4　古代学協会

2.『万葉集』と朱丹

　　あをによし　寧楽の京師は　咲く花の　にほうがごとく　今さかりなり

　この歌は『万葉集』巻3の328の歌で，太宰少弐小野老朝臣が大伴旅人と共に大宰府にあって平城京の賑い盛んな有様を望郷の念に駆られて詠んだものである。奈良を詠んだ万葉集歌としては，最もよく知られている。内容は単に「寧楽の京は繁栄している」というに過ぎない。「あをによし」も「咲く花のにほうがごとく」も特に意味をなさない。なかでも「あをによし（青丹吉）」は奈良の京・平城山にかかる枕言葉で，『万葉集』始め，古典にはしばしば見ることができる。

8 朱丹と古典

「あをによし」の解釈については，古来多く議論されてきた枕詞で，定説となるものが無い。幾通りも知られる解釈のなかで，「青丹」を青い土とする説は最有力と思われる。それは「丹」に土を意味することがあったと言う理由に基づく[1]。

国語学的な問題は別にして「青丹吉」とは，奈良の地における辰砂の産出と関係があるのではないかとも考えられる。「青丹吉」を青と丹が素晴らしい，または「青」が丹にかかる形容詞という解釈も成立するのではないか。つまり，青い丹，あるいは清い丹という解釈である。それは奈良市域に丹生地名が現存し，そして大和水銀鉱床群地帯にあたり，古代辰砂の一大産地であったと考えられるからである。この立場からすれば，奈良あるいは大和にかかる枕詞として成立することは極めて自然のことと言える。上村六郎によれば，この枕詞の成立は5世紀代であり[2]，5世紀は施朱の風習の最盛期であり，大和の辰砂が採掘され始めたと推察されることと関係し，興味深いものがある。

大和の辰砂に関する万葉集歌に次の歌が上げられる。

大和の　宇陀の眞赤土の　さ丹著かば　そこもか人の　吾を言なさむ

『万葉集』巻7の1376の歌である。宇陀地方は「眞赤土」の産出地とはいえ，文字通りの赤土地帯と解釈すべきではなかろう。「眞赤土」は辰砂を意味し，宇陀産辰砂が平城京貴族に広く知られていたことを示している。松田寿男先生は「眞赤土」を辰砂を意味する「マソホ」と訓むべきと指摘している[3]。この宇陀地方は施朱の風習下にあっては生命蘇生力を有する神聖な赤の地域であり，そこに生育する野草は薬猟の対象とされた[4]。

宇陀地域の辰砂採掘は4世紀・5世紀に遡れるが，その時期の，施朱の風習最盛期における辰砂管掌は丹生氏の職掌とするところであった。採掘は水銀需要の増大する6世紀半ば以降と思われ，それは帰化人秦氏の活躍によるのではないかと思われる。辰砂は丹生氏に代り秦氏が管掌した[5]。宇陀にはかつての辰砂採掘跡が至る所にあったと言われる[6]。宇陀水銀が『続日本紀』その他の文献に現れない所からすれば，宇陀水銀の採掘は平安時代に入る頃には終わり，伊勢水銀が宇陀水銀に代ったのでは，と思われる。宇陀水銀の採掘は奈良東大寺盧舎那大仏鍍金の頃までではなかったか。大仏鍍金には大量の水銀を要したことは言うまでもなく，それらは宇陀水銀・伊勢丹生水銀・

155

II. 朱丹の諸問題

豊後丹生水銀・若狭水銀などによって賄われたと思われる。

次の万葉集歌は，鍍金技法の流布を意味するものと言えよう。

　眞金吹く　丹生の眞朱の　色に出て　言はなくのみそ　吾が恋ふらくは

『万葉集』巻14の3560の歌である。「眞金吹く　丹生の眞朱の」の解釈は，松田寿男先生の新見解によって大きな進展を見せた[7]。日本古典文学大系『万葉集』（岩波書店）までは「鉄を精錬する丹生の赤土」であり，「丹生の赤土」とは鉄鉱石なのか，鉄を精錬するのに使う触媒なのか，いずれにしても矛盾があって意味が通じない。「丹生の眞朱」とは丹生産出の辰砂のことであって鉄精錬とは全く関係ない。日本古典文学全集『万葉集』（小学館）では松田寿男先生の所説に従い，「マカネとは金の異名。マは純正の意であろう。フクは辰砂から採った水銀で雑鉱から純金を吹き分け，精錬すること。催馬楽にも『まかね吹く吉備の中山』とある」と記し，「金を錬る丹生の丹砂のように」と解釈している。岩波『万葉集』までの解釈は，「眞金」を鉄と理解したために起こった誤解である。

丹生・丹生川・丹生谷・丹生神社などの分布は，辰砂の産出を見た地域に残る地名で，ここの土と岩石は鉄鉱石や砂鉄ではない。したがって，丹生にかかる枕詞としての「眞金吹く」は辰砂に関係した意味に解釈しなければならない。そこで松田寿男先生は辰砂に含まれる水銀が作るアマルガムに着目し，「アマルガム法による黄金の精錬をさす」[8]と記述し，古代におけるアマルガム金銀精錬法の存在を推定したのである。わずか枕詞一つの解釈で，日本古代にアマルガム金銀精錬法による金精錬が行われていたと認めて良いものかどうか。日本古代の金は自然金（砂金）を採取していたもので，金鉱石が採掘されていたとする史料は知られていない。アマルガム精錬法の技術的系譜も知られていない。

アマルガム金銀精錬法は1557年メキシコ鉱山技師バルトロメー・メディナにより発見され，日本では佐渡金山において慶長年間に行われていたことが明らかになっている[9]。徳川家康はメキシコ産出銀の豊富なことを知り，アマルガム金銀精錬法についてフィリッピン総督ロドリコ・ヴィヴェロとの接触の際に関心を示したと言う[10]。恐らく日本では17世紀初頭にアマルガム金銀精錬法が導入されたものであろう。それはヨーロッパの技術であり，

『万葉集』の時代のアマルガム法とは技術的系譜を明らかに異にしている。
　以上のことから、「眞金吹く」の「吹く」はアマルガム鍍金法を内容とする言葉に過ぎないと思われる。アマルガム鍍金法は6世紀半ばには日本でも流布しており、『万葉集』の枕詞として成立する史的背景は充分に持っている。契沖以後、「吹く」と表記する[11]。
　「麻可祢布久」の「布久」は吹き分けるの意味ではなく、吹き表すと解釈すべきで、「布久」は「葺く」と書き表せることに注意したい。葺くは覆い隠す意で、つまり仏像の赤銅色は金アマルガムの塗布・加熱・研磨によって一遍に「金が吹く（葺く）」のである。「眞金吹く　丹生の眞朱」の「布久」は「葺く」と書き換え、「（仏像を）金色に葺く丹生の辰砂」と解するのが最も妥当すると考える。
　金・水銀は仏像鍍金には不可欠な金属で、水銀鉱である辰砂の発見は古代山師にとっても重要任務であったと思われる。国家事業としての盧舎那大仏造立であったから、辰砂の探査の必要性は平城京貴族にも広く知られていた。
　次の万葉集歌の二首は大仏造立に伴う辰砂採掘を示唆している。

　　　大神朝臣奥守の、報へ嗤ふ歌一首（3841 歌）
　　佛造る　眞朱足らずは　水たまる　池田の朝臣が　鼻の上を掘れ
　　　穂積朝臣の和ふる歌一首（3843 歌）
　　何所にそ　眞朱掘る岳　薦畳　平群の朝臣が　鼻の上を穿れ

3841 歌の「佛造る眞朱」とはアマルガム鍍金法による仏像鍍金に使う辰砂のことである。しかし、鍍金と辰砂は技法上では直接繋がらない。「眞朱」を製錬して水銀を得、水銀と錬金は5対1の割合で金アマルガムを作る。本来、「佛造る水銀」、あるいは「佛造るアマルガム」と詠まなければならないものを、「佛造る眞朱」と詠まれるにはそれなりの理由があったと思われる。水銀は天然にも産するが、水銀需要の増大と共に辰砂から水銀を採った。辰砂が岩石であり、他の岩石に混じっているから砕石することによって選鉱・精製し、粉末とする。粉末辰砂は仏像鋳造所へ運び込まれ、そこで製錬し、金アマルガムが作られる。あるいは、粉末となった純辰砂と金粉を混ぜ合わせて石臼に入れ、石杵をもって錬れば金アマルガムができたのではないかと想像もしている。その結果として「佛造る水銀」ではなく、「佛造る眞朱」と言わしめ、

II. 朱丹の諸問題

それが平城京貴族間の一般的理解の成立になったものであろう。

　山師は辰砂の鉱床は赤く，この露頭を探して採掘するのであり，平群朝臣は赤鼻，池田朝臣は水鼻汁，つまり辰砂の露頭と水銀の浸出を意味する。このように平城京貴族が万葉集歌に辰砂を詠みこむには，盧舎那大仏鍍金という国家事業が背景にあることは言うまでもない。万葉集歌人の間では，かつて辰砂の有していた呪術性は忘れ去られていた。万葉集歌後においては，辰砂に関わる歌は見られなくなる。

〔註〕
1) 福井久蔵『枕詞の研究と釈義』181p～184p　1965
2) 上村六郎『上代文学に現れた彩色料並染色の研究』53p～57p　1957
3) 松田寿男「宇陀水銀をめぐる古代史上の諸問題」『東洋学法』48-4　1966.3　東洋文庫
4) 和田萃「薬猟と『本草集注』―日本古代の闇道教の実態―」『史林』61-3　1988　史学研究会
　和田萃は宇陀地域を水銀地帯と見ているが，宇陀は元来辰砂産出地による赤の地帯であり，赤が水銀に変わるのは6世紀半ば以降の，アマルガム鍍金が一般に普及してからである。薬猟地としての宇陀地域は施朱の風習下で成立したものであろう。
5) 加藤謙吉「ミブ・ニフ二題―6,7世紀に於ける秦氏の職掌について―」『続日本紀研究』182　1975.12　続日本紀研究会
6) 板橋倫行『万葉集の歌と真実』18p　1961　淡路書房新社
7) 1の（註1）に同じ
8) （註3）に同じ
9) 小葉田淳「日本鉱業史上に及ぼせる西洋技術の新発見」『日本歴史』第55号　1952　実教出版
10) 麓三郎『佐渡金銀山史話』60p～61p　1933　三菱金属鉱業株式会社
11) 仙覚の『万葉集注釈』では触れていないが，契沖は『万葉集代匠記』で「マカネフクは眞金吹くなり」と述べ，『古今集』の「眞金吹吉備中山」が鉄産地であることから，吹は製鉄と解した。賀茂真淵の『万葉考』でも，沢潟久考の『万葉集注釈』でも契沖の解に準拠している。

3.『今昔物語集』と朱丹

　古代・中世辰砂採掘坑道遺跡の実態は明らかにされていないが，文献の上では次の『今昔物語集』掲載の説話に坑道採掘の様子を若干知ることができる。巻十七の「伊勢国人，依地像助存命語第十三」には次のような記述が見られる。

　　　今昔，伊勢ノ国，飯高ノ郡ニ住ケル下人有ケリ，毎月ノ二四日ニ
　　精進ニシテ戒ヲ受テ，地蔵菩薩ヲ念ジ奉レリ。此レ，年来ノ勤也。
　　　而ルニ，彼ノ飯高ノ郡ニハ水金ヲ堀テ公ニ奉ル事ナム有ケル。彼
　　ノ男，郡司ノ催ニ依テ，水銀ヲ堀ル夫ニ被差充テ，同郷ノ者三人ト
　　烈テ，水銀ヲ堀ル所ニ行ヌ。穴ヲ堀テ，其レニ入テ水銀ヲ求ル間ニ，
　　十餘丈ノ穴ニ入ヌ。而ル間，俄ニ穴ノ口ノ土頽テ口塞ヌ。口塞ルト
　　云ヘドモ奥ハ空ニシテ三人，皆，穴ノ内ニ有リ（以下略）。[1)]

　説話中の「水金」は「水銀」のことで，「穴」は横穴及び縦穴のいずれとも受けとめられるが，「穴ノ口ニ土頽テ口塞ヌ」「奥ハ空ニシテ」などの記録は横穴であることを示し，少なくとも作者は当時の水銀採掘坑道を横坑と捉えていたと思われる。天然水銀の採掘は同時に辰砂の採掘でもあり，7世紀以降には辰砂から水銀を製錬する方法が普及したから，辰砂と水銀は共に採取されたはずである。

　恐らく多くの伊勢水銀は天然水銀ではなく，辰砂の製錬によって得られ，「水銀」は貢納品としての名称であったと思われる。伊勢では水銀を「汞砂」と呼び，郡司からの水銀貢納要請は辰砂採掘と製錬を意味した。この説話の最後の部分に，飯高郡の人々が「水銀堀ル時ノ殊ニ念ジ奉ケリ」とあることから推量するに，村人は貢納要請がある度に一定の共同坑道口から切羽に向い，鉱床群を追って掘り進めたものと思われる。

　『今昔物語集』には次のような話も残されている。

　　　今昔，京ニ水銀商スル者ケリ。年来役ト商ケレバ，大キニ富テ財
　　多クシテ家豊カ也ケリ。
　　　伊勢ノ国ニ年来可通ヒ行ケルニ，馬百余餘疋ニ諸ノ絹・布・糸（以
　　下略）

とあり，蜂を大事にしていた京都の水銀商人は，蜂の活躍で盗人の蓄えた財も手に入れ，さらに豊かになったと言う話である。水銀商人は京都と伊勢を

II. 朱丹の諸問題

　行き来して水銀売買の仕事に従事し，大きな商人に成長した。伊勢水銀は京都で加工され，京都の人々に歓迎されたものと思われる。伊勢水銀は郡司への貢納品だけではなかったことが水銀商人の話で明らかである。
　『続日本紀』天平神護2（766）年3月条の記録に7世紀半ばにおける辰砂採掘に従事していたことが残されている。
　　　　伊予国人従七位上秦枇登浄足等十一人賜阿部小殿朝臣浄足自言。
　　　　難波長柄朝廷。遣大山上小殿小鎌伊予国。令採朱砂。小鎌便娶秦首
　　　　之女。生子伊麻呂。伊予麻呂尋父祖。偏依母姓。浄足即其後也。
難波長柄豊崎宮の朝廷は白雉2（651）年～白雉5（654）年の期間にした所在ものであるから，大山阿部小殿小鎌は金銅仏鋳造・鍍金が盛んに行われていた白鳳美術の時期に辰砂（朱砂）採掘のために伊予国へ派遣されたことになり，7世紀半ばには秦氏が辰砂採掘・貢納の主導権を握っていたと推察できる。

〔註〕
1)『今昔物語集』三　日本古典文学大系　岩波書店

Ⅲ. 資料編

(1) 丹生神社・丹生地名の分布と水銀鉱床群

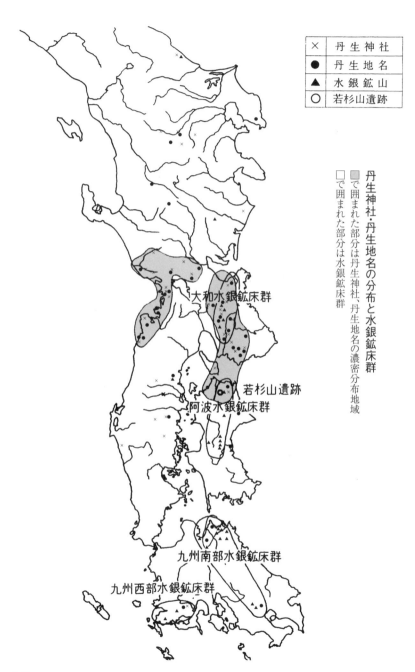

(2) 水銀鉱床分布 (矢嶋澄策先生による)

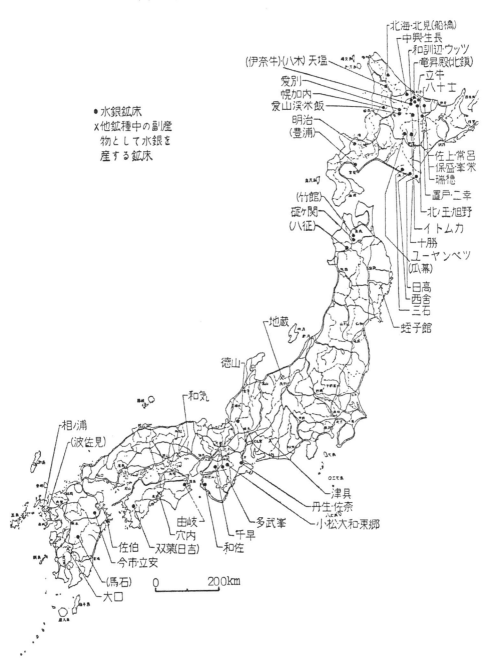

(3) 水銀鉱山・丹生地名・丹生神社分布 （松田寿男先生による）

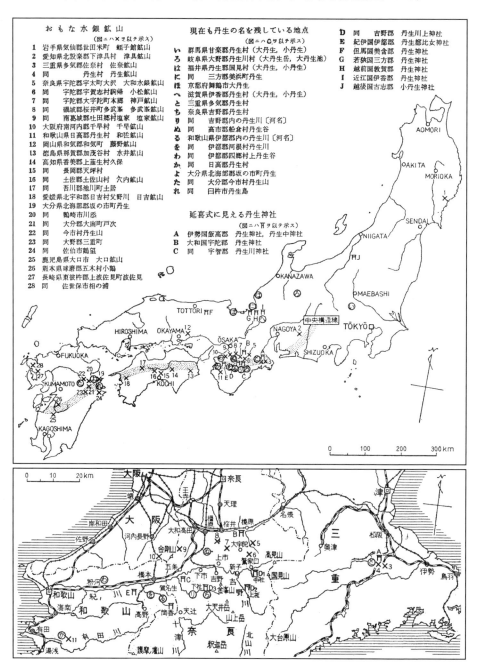

(4) 広片口鉢・皿(「辰砂鍋」)分布 (柴尾俊介氏による)

1. 唐古・鍵遺跡　　　2. 巨摩廃寺遺跡　　　3. 古曽部・芝谷遺跡
4. 池島・福万寺遺跡　5. 年ノ神・大二遺跡　6. 大山神社遺跡
7. 名東遺跡　　　　　8. 上天神遺跡　　　　9. 太田下・須川遺跡
10. 旧練兵場遺跡　　11. 百間川原尾島遺跡　12. 筋違C遺跡
13. 辻垣畠田・長通遺跡　14. 峠遺跡第5次調査　15. 長野尾登遺跡第2地点
16. 須玖永田遺跡　　17. 須玖黒田遺跡第1次調査　18. 川寄吉原遺跡
19. 水分遺跡　　　　20. 方保田東原遺跡

あとがき

　朱丹への関心は1957年7月，茨城県三ツ塚古墳群第7号墳石室床面頭胸部からの朱丹の検出に始まった。副葬品には鉄刀と鉄鏃のみで，時代判定に朱丹が使えないかと調べ始め，朱丹の出土古墳は茨城県内では比較的古い時期のもので，それらを基本に「『朱』についての一考察」を発表した。調べて行くうちに次々と問題が捉えられ，1978年3月には朱を求めて1ヵ月間九州調査旅行を実現させ，鏡山猛先生・森貞次郎先生・渡辺正気先生を始め九州の考古学者の教えを受けることに成功し，多くの情報が得られた。以来九州には度々出掛け，その度に優れた研究者にお会いすることができた。それは今も続いていると評価しても良いと思っている。

　日本考古学研究上における朱丹の問題は，研究者のほとんどが相手にしないテーマであり，出土資料を一つ一つ検討して行かねば論文にすることは難しかった。早稲田大学には『古代』と言う雑誌があり，我々学生の論じるものなど相手にされないことが多かった。そうした中，朱丹のうちの『辰砂』は，多くの日本古代史上の諸問題を内包すると捉え，古代学研究会を主宰する森浩一先生に「辰砂考」を1958年に投稿し，1960年4月『古代学研究』に掲載して頂いた。この論文は私が執筆したなかでは最も引用が多く，今でも若い研究者に引用していただき，大変有難く思っている。朱丹の研究は1978年・1979年には本格的に取り組み，次々に新しい問題を論じ公表した。1980年代には種々の学術雑誌に掲載されるようになった。

　朱丹に関する議論が重なった頃に，坂詰秀一先生の勧めがあって雄山閣出版から出版の話がもたらされ，1975年に『朱の考古学』を刊行させてもらった。幸い朱丹に関して問題とされる研究者が多く，新たな研究者も生まれた。その代表は本田光子さんで，奥義次さん・岡山真知子さん・菅原康夫さん・石井智大さん・河野摩耶さん・紫尾俊介さんなどが排出され，朱丹の研究は大変賑やかになった。

　ただ，私の所属する早稲田大学校友からは朱丹に関心をもつ研究者が出ていない。少し寂しいがそんなものでしょうと納得している。

今回『朱丹の世界』を纏めるに際し，前著を参考にしながら新しい研究を積極的に取り入れた。しかし，どうしても再論しておかねば，と思う議論は前著と重なっている。とりわけ「朱造石」説・「真珠真朱」説論は，機会ある毎に取り上げているので，了として欲しい。酒船石は粉末辰砂の選別にしか利用できないし，「真珠鉛丹各五十斤」の真珠は真朱の写し間違いに違いなく，動物学者で青山学院大学の福岡伸一教授は私説の『魏』からの下賜「真朱」で卑弥呼墓が真っ赤であったと理解している。

　「本当のことは一つしかない」とは真実であるが，そこに到達するには並とは言えない努力と時間を要することは間違いない。

市毛　勲

〔著者略歴〕
市毛　勲（いちげいさお）
1937年　茨城県水戸市生まれ
1961年　早稲田大学第一文学部卒業
1962年　共立女子大学学生課職員
1969年　早稲田大学系属早稲田実業学校教諭
1978年より早稲田大学教育学部・同第一文学部講師，市原市文化財審議会委員，所沢市文化財保護委員会委員などを歴任。2010年，論文「日本古代朱の研究」にて早稲田大学より博士号を授与される。
　辰砂考（古代学研究23，1960），古墳時代の施朱について（古代38，1962），丹生氏と辰砂（史観74，1966），朱の考古学（雄山閣，1975），人物埴輪顔面のヘラガキについて（考古学雑誌77-4，1992），水銀精錬法─日本古代・中世水銀鉱業の研究（古代文化57-8，2005），伊勢丹生水銀・辰砂の採掘／考古学の諸相（匠出版，2006）など朱丹に関する著作多数。
現在，早稲田大学考古学会会員。

考古調査ハンドブック 14

朱丹の世界
(しゅに)

平成 28 年 4 月 10 日 初版発行
〈図版の転載を禁ず〉

当社は,その理由の如何に係わらず,本書掲載の記事(図版・写真等を含む)について,当社の許諾なしにコピー機による複写,他の印刷物への転載等,複写・転載に係わる一切の行為,並びに翻訳,デジタルデータ化等を行うことを禁じます。無断でこれらの行為を行いますと損害賠償の対象となります。
また,本書のコピー,スキャン,デジタル化等の無断複製は著作権法上での例外を除き禁じられています。本書を代行業者等の第三者に依頼してスキャンやデジタル化することは,たとえ個人や家庭内での利用であっても一切認められておりません。

連絡先:ニューサイエンス社 著作・出版権管理室
Tel. 03(5449)7064

|JCOPY| 〈(社)出版者著作権管理機構 委託出版物〉
本書の無断複写は著作権法上での例外を除き禁じられています。複写される場合は,そのつど事前に,(社)出版者著作権管理機構(電話:03-3513-6969,FAX:03-3513-6979,e-mail: info@jcopy.or.jp)の許諾を得てください。

著 者 　市　毛　　　勲

発行者 　福　田　久　子

発行所 　株式会社 ニューサイエンス社

〒108-0074 東京都港区高輪3-8-14
電話03(5449)4698　振替00160-9-21977
http://www.hokuryukan-ns.co.jp/
e-mail : hk-ns2@hokuryukan-ns.co.jp

印刷・製本　大盛印刷株式会社

© 2016 New Science Co.
ISBN978-4-8216-0526-2 C3021